W0413188

DUMONTS KLEINES LEXIKON

PARTYS & FESTE

Vorbereiten · Organisieren · Tipps & Tricks

Yara Hackstein & Team

DÖRFLER·VERLAG

Alle in diesem Buch enthaltenen Angaben, Vorschläge, Rezepte etc. wurden von den Autoren nach bestem Wissen erstellt und von ihnen und dem Verlag mit größtmöglicher Sorgfalt überprüft. Gleichwohl sind inhaltliche Fehler nicht vollständig auszuschließen. Daher erfolgen die Angaben etc. ohne jegliche Verpflichtung oder Garantie des Verlags oder der Autoren. Eine Haftung der Autoren und des Verlags für Personen-, Sach- und Vermögensschäden ist ausgeschlossen.

© Rebo International b.v., NL-Lisse
© der deutschsprachigen Ausgabe:
DÖRFLER VERLAG GmbH, Eggolsheim

Konzeption und Realisation: Medien Kommunikation, Unna

Alle Rechte vorbehalten.
Kein Teil des Werkes darf in irgendeiner Form (durch Fotokopie, Mikrofilm oder ein ähnliches Verfahren) ohne die schriftliche Genehmigung des Verlages reproduziert oder unter Verwendung elektronischer Systeme verarbeitet, vervielfältigt oder verbreitet werden.

Im Internet finden Sie unser Verlagsprogramm unter:
www.doerfler-verlag.de

Inhalt

Vorwort

Spaß beim Vorbereiten & Feiern

Zu jedem Moment wird irgendwo auf dieser Welt kräftig gefeiert. Denn gemeinsam Spaß zu haben, das Leben zu genießen und es sich mit Freunden, Verwandten oder Bekannten richtig gut gehen zu lassen liegt offensichtlich in der Natur des Menschen. Dementsprechend groß ist das Spektrum an Möglichkeiten, eine Feier auszurichten: von der feuchtfröhlichen Fete über Cocktail- und Motto-Partys bis hin zum eleganten Fest.

Dieses kleine Lexikon möchte einen Beitrag dazu leisten, dass Ihre nächste Party ein voller Erfolg wird, ganz gleich, für welche Variante Sie sich entscheiden. Weit über einhundert Tipps zeigen Ihnen, wie Sie Feiern optimal vorbereiten und Ihre Gäste verwöhnen können.

Entscheidenden Anteil am Erfolg einer Party haben natürlich die ausgewählten Leckereien, die man seinen Gästen anbietet. So bilden Rezepte zu den einzelnen Party-Varianten den zweiten großen Buch-Schwerpunkt. Die Zusammenstellung versteht sich als Anregung dafür, was man welchen Gästen anbieten kann. Die Rezeptauswahl berücksichtigt gleich verschiedene Aspekte: So finden sich neben schnellen, einfachen und preiswerten Gerichten auch aufwändigere, exklusivere Rezepte. Wer viele Gäste bewirten möchte wird genauso fündig wie derjenige, der nur einen kleinen Freundeskreis verwöhnen möchte. Gleichwohl sind die Mengenangaben immer auf 12 Personen ausgerichtet. Bei der Mengenberechnung ist grundsätzlich berücksichtigt, dass auf einer Party immer mehrere Gerichte angeboten werden. Alle Rezepte lassen sich natürlich durch Teilen oder Verdoppeln auf die jeweils erwartete Gästezahl hin anpassen.

Zu allen Rezepten gibt es einen kleinen Info-Kasten, der einen raschen Überblick über Schwierigkeitsgrad, Preisniveau und Zubereitungsdauer ermöglicht. Die kleinen Symbole haben folgende Bedeutungen:

- LUFTBALLONS: Die Anzahl der Luftballons verweist auf den Aufwand beim Kochen oder Zubereiten: von 1 Stern für „einfach" bis zu 3 Sternen bei aufwändigen Rezepten.
- TALER: Wie preiswert ist das Gericht? Das Spektrum reicht von 1 Taler für „sehr preiswert" bis zu 3 Talern bei teureren Zutaten.
- UHREN: Eine oder zwei weiße Uhren weisen auf den Zeitaufwand hin: gering oder etwas höher. Eine blaue Uhr zeigt an, dass das Gericht gut vorbereitet werden kann.

Doch ganz unabhängig vom Essen und Trinken: Partys sind in erster Linie dazu da, Spaß zu haben. In diesem Sinne wünschen wir Ihnen für Ihre nächste Party fröhliche Stunden, ausgelassene Stimmung und begeisterte Gäste!

Ihr Autoren-Team

Richtig feiern

Spaß von Anfang an

Unvergessliche Partys feiern

Eine Party zu feiern ist ganz einfach: Ein paar Freunde einladen, etwas zu Essen vorbereiten und Getränke organisieren – schon können sich alle ins Vergnügen stürzen. Und auch, wenn dieses Grundgerüst für alle Feiern rund um den Globus gilt: Einige Partys heben sich deutlich ab von der Flut an Einladungen, denen man im Laufe eines Lebens folgt. Sie bleiben dauerhaft in Erinnerung, Jahre später noch wird im Freundeskreis von ihnen erzählt und geschwärmt.

Ob eine Party, die man selbst plant, eines Tages auch zu diesen unvergesslichen Ereignissen zählen wird, lässt sich nicht im Voraus sagen. Vieles steht und fällt mit den Gästen, mit ihrer Laune und den kleinen Geschichten, die sich am Rande ereignen.

Vor allem aber kommt es auf die eigenen Gefühle an. Wer beispielsweise auf einer Party die Frau oder den Mann seines Lebens kennenlernt oder sich verliebt, wird den Abend wohl nie ver-

RÜTTGERS

gessen. Und umgekehrt: Ist man müde und abgekämpft oder trägt schwerwiegende Probleme mit sich herum, wird man wohl kaum in echte Partylaune geraten.

Und dennoch: Auch wenn man nicht im Voraus den Erfolg garantieren kann, so lässt sich doch eine Menge dazu beitragen, dass ein Abend als besonders und einmalig in Erinnerung bleibt. Nicht umsonst sind es daher vor allem die mit viel Liebe und Einsatz vorbereiteten Partys, die im Gedächtnis bleiben: ein besonders gelungener runder Geburtstag, eine tolle Motto-Party oder auch ein bestimmtes Familienfest. In der Regel zeichnen diese sich nämlich dadurch aus, dass sich die Gastgeber intensiv über diesen Tag Gedanken gemacht, kaum Zeit und Kosten bei der Vorbereitung gescheut und alles dafür getan haben, dass sich ihre Gäste wohlfühlen und in gute Stimmung kommen.

Wie im echten Leben, so gilt also auch für Partys: Erfolg kommt nicht von ungefähr. Und er ist bis zu einem gewissen Grad planbar.

Dabei zeigt die Erfahrung: Je mehr Gedanken man sich im Vorfeld über die Party macht, je besser man die Vorbereitungen strukturiert und je mehr Einsatz man bringt, desto besser läuft auch der Abend. Ein Beispiel: Wenn getanzt werden soll, muss die

richtige Musik aufgelegt werden. Und die muss griffbereit sein. Natürlich kann man die Hits auch während der Feier zusammensuchen – weitaus erfolgversprechender ist hingegen, bereits im Vorfeld eine Playlist mit den besten Fetenhits zusammenzustellen, die dann nonstop für Hochbetrieb auf dem Dancefloor sorgt. Das Beispiel zeigt: Beim Vorbereiten geht es nicht nur um „Arbeit". Eine klasse Playlist zu erstellen macht einfach Spaß. Genau wie Kochen oder Dekorieren.

Gute Partys beginnen im Kopf der Gastgeber. Wenn sie mit Leib und Seele dabei sind, mit Einfallsreichtum und Einsatz, mit Spaß und guter Laune, dann stehen die Chancen bestens, dass die Gäste am Ende sagen: Das war ein unvergesslicher Abend!

Top-Ten-Tipps: Planung

Von Anfang an gut durchdacht

Ganz gleich, ob man einen Geburtstag, eine Wohnungseinweihung oder auch eine Beförderung feiern möchte: Eine gute Party will von Anfang an gut geplant sein:

Das richtige Timing

Der Erfolg steht und fällt mit dem richtigen Termin. Denn was nützt die beste Partyidee, wenn nur wenige Freundinnen und Freunde kommen können. Zu berücksichtigen ist: Wer ist zur vorgesehenen Zeit überhaupt da, wer ist in den Ferien oder geschäftlich unterwegs? Überschneidet sich der Termin mit anderen Partys oder attraktiven Veranstaltungen wie einem großen Sportereignis oder einem Stadtfest? Und: Was liegt am nächsten Tag an? Können die Gäste nämlich am Folgetag ausschlafen, feiern sie besonders unbeschwert.

Ausrichtung und Motto

Im nächsten Schritt gilt es zu fragen, welche Art von Party man am liebsten feiern möchte: eine coole Cocktailparty, eine wilde Fete, ein elegantes Fest? Unzählige Varianten stehen zur Wahl. Das gilt vor allem, wenn man den Abend unter ein bestimmtes Motto stellen will. Dabei sind „All in white", eine Kostümparty oder ein folkloristisches Fest nur einige der vielen Variationsmöglichkeiten (siehe auch Seite 176). Zum Spektrum gehören daneben auch Spieleabende oder Partys mit Livemusik.

Die Personenzahl

Nur wenn man genau weiß, wie viele Personen wirklich eingeladen werden sollen und wer tatsächlich kommen wird, lässt sich eine Party gut planen. Die Personenzahl ist nämlich für viele weitere Schritte maßgeblich, wie für die Büffetplanung, den Getränkeeinkauf, die Anzahl der Sitzplätze etc.

Der Finanzrahmen

Es ist traurig, aber wahr: Geld regiert auch Partys. Der Finanzrahmen sollte genau festgelegt werden. Nur dann ist man vor bösen Überraschungen sicher. Zu bedenken sind dabei nicht nur die Ausgaben für Getränke und Speisen, sondern eventuell auch für Zusatzkosten, z.B. wenn jemand für Musik oder Partylicht engagiert werden soll, Übernachtungsgäste untergebracht werden wollen oder Ausgaben für bestimmte Dekorationen anstehen. Am besten listet man die zu erwartenden Kostenpunkte wie einzelne Getränkesorten, das Büffet oder auch ein Handgeld für Helfer genau auf.

Die Räumlichkeiten

Weiß man ungefähr, wie groß die Party werden soll, sollte man die räumlichen Voraussetzungen prüfen. Reichen Küche und Wohnzimmer oder Terrasse und Garten aus oder sollte man sich doch lieber nach einer anderen Location umsehen? Bei Gartenpartys ist zudem zu bedenken, wohin man bei schlechtem Wetter ausweichen kann. Und soll getanzt werden, stellt sich die Frage, wo und wie man die Tanzfläche einrichtet. Last but not least: Erwartet man Gäste von außerhalb, gilt es auch die Übernachtungsmöglichkeiten im Auge zu haben.

Tische und Stühle

Mit den räumlichen Voraussetzungen eng verbunden ist die Frage nach den Sitzgelegenheiten: Sollen sich die Gäste um eine festlich gedeckte Tafel oder einen großen Tisch versammeln oder will man lieber mehr Bewegung und Kommunikation? Im einen Fall sind ausreichend Stühle nötig, im anderen eher Stehtische. Zu bedenken ist in diesem Zusammenhang vor allem auch, wo bzw. worauf man das Büffet anrichtet und wo die Gäste mit ihren Tellern Platz finden sollen.

Das Catering

Ohne dass man gleich konkrete Rezepte auswählt, gilt es in Bezug auf das Catering Grundentscheidungen zu treffen. Drei Alternativen stehen zur Wahl: selbst zu kochen, eine Mitbring-Party zu organisieren oder einen professionellen Catering-Service in Anspruch zu nehmen. Auch Mischformen sind denkbar: einen Teil selbst kochen, anderes von Freunden oder Profis zubereiten lassen. Und: Man sollte sich darüber klar werden, welche Grundausrichtung das Catering haben soll, ob man also kalte und warme Speisen anbieten oder z.B. eine Grillparty feiern möchte.

Die Getränke

Es müssen nicht immer nur Bier, Wasser und andere Standardgetränke sein, die man auf einer Party reicht: So entfaltet beispielsweise eine echte Cocktail-Party mit verschiedensten Mixgetränken ihren ganz eigenen Reiz. Man kann die Getränkeauswahl aber auch am jeweiligem Thema der Party orientieren und so beispielsweise für ein mediterranes Sommerfest nur italienische Getränke auswählen. Dann bietet man seinen Gästen ausschließlich Produkte wie Aperol, Prosecco, Pellegrino oder Bardolino an.

Die Dekoration

Ein schön gestalteter Rahmen adelt jedes Fest. Und so gilt es Grundsatzentscheidungen für die Dekoration zu treffen. Dazu zählt selbst die Entscheidung, gar nichts Großartiges machen zu wollen, also die Räume weitgehend so zu belassen wie sie sind. In diesem Fall sind nur kleine Maßnahmen wie das Aufstellen von Kerzen oder das Freiräumen von Tischen und Regalen ins Auge zu fassen. Wesentlich intensiver muss man aufwändigere Dekorationsideen oder -wünsche durchdenken. Dies gilt vor allem bei Motto-Partys, wie z.B. einer Party anlässlich

eines entscheidenden Fußballspiels: Welche Dekorationsmöglichkeiten und passenden Accessoires gibt es? Wo und wie binde ich sie in den Raum ein, sodass ein gelungener, zum Motto passender Eindruck entsteht? Das sind die Kernfragen. Und vor allem auch: Wo bekomme ich die Sachen und was kosten sie?

Die Ablaufplanung

Gute Partys leben von einem durchdachten Ablauf. Besonders deutlich wird dies bei Geburtstagspartys. Hier will gut überlegt sein, wann beispielsweise auf das Geburtstagskind angestoßen wird oder ob und wann eventuelle Einlagen wie eine Rede, eine Musikdarbietung oder auch ein Spiel stattfinden sollen.

Und auch bei jeder anderen Party kann man sich bereits im Vorfeld Gedanken zum Ablauf machen: vom Sektempfang über das Eröffnen des Büffets bis hin zur Organisation einer Aufräumparty am nächsten Tag. Auch im Detail lohnen sich Vorüberlegungen zum Timing. Soll es beispielsweise einen kleinen Mitternachtssnack geben? Oder: Wann drehe ich die Boxen zum Tanzen auf und wann muss die Musik mit Rücksicht auf die Nachbarn wieder leiser werden?

Die Vorbereitung

Partys perfekt organisieren

Auch bei Partys ist es wie im richtigen Leben: Wer Schritt für Schritt vorgeht, alles bedenkt und dann konsequent umsetzt, schafft die Grundlage für den Erfolg. Folgende Punkte gilt es zu beachten:

Die Einladung

Steht der Termin, sollte man mit ausreichendem Vorlauf – mindestens 4 Wochen – die Einladungen versenden. Am besten fertigt man zunächst eine Liste all der Menschen an, mit denen man gern feiern möchte. So stellt man sicher, dass man bei der Einladung auch niemanden vergisst. Im Computer-Zeitalter sind Rundbriefe per Mail natürlich eine praktische Sache. Wenn man um Antwort bittet, hat man auch gleich einen guten Überblick, wer kommen kann. Allerdings: Ein bisschen mehr als ein rein faktischer Text sollte es schon sein. Eine kleine Clip-Art oder ein

Digitalfoto gestalten eine Einladung schon ein wenig peppiger. Und beim Texten kann man sich etwas Witziges einfallen lassen.

So praktisch das Internet auch sein mag: eine schriftliche Einladung per Post hat natürlich mehr Stil – vor allem dann, wenn man sie nicht nur von Hand schreibt, sondern auch individuell gestaltet. Eines aber sollte tabu sein: Ein schnöder Computer-Brief. Dann doch lieber eine E-Mail!

Essen und Trinken

Ein guter Gastgeber zeichnet sich dadurch aus, dass er bei der Wahl des Essens und der Getränke alle seine Gäste im Blick hat – und nicht nur sich selbst! In Bezug auf die Getränke heißt das konkret: Er berücksichtigt den Bier-Freund genauso wie die Wein-Liebhaberin, den Autofahrer genauso wie die Cocktail-Freundin.

Ideal ist es, wenn man den Geschmack seiner Gäste kennt, z.B. bei Wein und Sekt. Rot, rosé oder weiß, trocken, halbtrocken oder lieblich: Das sind hier die Kernfragen. Weiß man nicht so recht, was die Einzelnen lieben oder vielleicht aus gesundheitlichen Gründen nicht vertragen, kann

man nachfragen. So erspart man sich Enttäuschungen und gibt dem einen oder anderen das Gefühl, besonders bedacht worden zu sein, indem für ihn eben Spezielles wie eine bestimmte Light-Limonade bereitsteht. Das bedeutet natürlich nicht, dass man für jeden eine „Extrawurst“ braten muss. Wenn es jedoch nur wenig Mehraufwand bedeutet, lohnt sich der Einsatz.

Unabhängig davon sollten natürlich auch die Standard-Getränke Berücksichtigung finden. Konkret bedeutet das, dass beispielsweise eine Kiste Tafelwasser niemals fehlen darf. Außerdem sollten grundsätzlich sowohl mehrere alkoholische als auch verschiedene nichtalkoholische Getränke bereitstehen.

Rahmenvoraussetzungen

Damit sich die Gäste wohlfühlen, müssen vor allem gewisse Standards stimmen – ähnlich wie in einem Restaurant. Dort erwartet man einen vernünftigen Sitzplatz, sauberes Geschirr, leckeres Essen und ein nettes Ambiente. Übertragen auf Partys heißt dies: Es gilt an viele Kleinigkeiten zu denken – von ausreichend vielen Tellern und Gläsern über Servietten und Aschenbecher bis hin zu Ablegemöglichkeiten für die Garderobe oder auch genügend Toilettenpapier. Wer hier schlampt, macht sich selbst das Partyleben schwer.

Die richtige Musik

Ohne gute Musik ist eine tolle Party kaum vorstellbar. Das bedeutet aber nicht zwangsläufig, dass ein Fetenkracher nach dem anderen aus den Boxen dröhnen muss. Im Gegenteil, die Musik muss zur Stimmung passen. Zum Partyauftakt, bei dem man sich eher unterhalten möchte statt zu tanzen, sind eher leisere, coole Grooves gefragt. Zum Tanzen wird dann in die Vollen gelangt, zum Partyausklang erklingen wieder etwas ruhigere Töne. Am besten stellt man verschiedene Playlists zusammen, die man je nach Stimmung abrufen kann. So bestimmt die Atmosphäre die Party – die Musik soll sie unterstreichen, nicht dominieren.

Das Catering

Die Grundschritte

Was soll es zu Essen geben? So lautet eine der Kernfragen jeder Partyvorbereitung. Kocht man selbst, stehen folgende Schritte, von der Rezeptidee bis zum fertig angerichteten Partygericht, auf dem Programm:

Die Grundentscheidung

Möchte ich Warmes oder Kaltes anbieten oder einen Mix? Für welche Art von warmen Gerichten entscheide ich mich? Suppen, Fleisch, Beilagen oder auch Gebackenes wie z. B. Pizza stehen zur Wahl.

Zeit- und Kostenrahmen

Welche Auswahl in Frage kommt, ist wesentlich von der zur Verfügung stehenden Zeit abhängig. Es gilt realistisch einzuschätzen, wie viele Stunden man investieren kann oder möchte und was in dieser Zeit machbar ist. Zugleich muss der Kostenrahmen für das Essen festgelegt werden, denn auch er beeinflusst die Rezeptauswahl.

Rezepte aussuchen

Jetzt werden die Rezepte im Einzelnen ausgewählt – vor dem Hintergrund der zur Verfügung stehenden Zeit, der mit dem Einkauf der Zutaten verbundenen Kosten und gegebenenfalls des Themas einer Mottoparty.

Einkaufsplanung & Einkauf

Nun schreibt man eine genaue Liste, was alles für das Kochen der Rezepte benötigt wird. Nicht zu vergessen sind dabei die Standards, die auf keinem Büffet fehlen dürfen: Brot, Butter, Salz, Pfeffer. Für den Einkauf erstellt man am besten einen genauen Plan. Was wird im Supermarkt, auf dem Wochenmarkt oder beim Getränkehändler gekauft? Und: Wann brauche ich was? Einiges kann schon im Vorfeld besorgt werden, anderes wie Brot, Salat oder Gemüse kauft man am besten frisch am Partytag selbst.

Kochen und Zubereiten

Ein bis zwei Tage vor der Party geht es in der Regel in die Küche. Auch hier hilft ein guter Plan weiter. Was lässt sich wann vorbereiten, was koche ich schon vor oder erst am Tag der Party, wie serviere ich die Gerichte? Oder: Was kühle ich wo und wie halte ich Speisen auf der Party warm?

Anrichten und Dekorieren

Unmittelbar vor der Party steht dann Anrichten und Dekorieren an – schließlich isst das Auge immer mit.

Top-Tipps Rezepte & Kochen

Ein gelungenes Büffet anzurichten oder ein leckeres Menü zu servieren muss nicht in übermäßigen Stress ausarten, wenn man ein paar Grundregeln beherzigt:

Erprobte & neue Rezepte

Man sollte vor allem erprobte Gerichte, die man schon öfter zubereitet hat, einplanen. Sie lassen sich im gesamten Aufwand am besten einschätzen. Auch wenn man nicht immer nur dasselbe kochen möchte sollte man nicht zu viele neue Gerichte auf einmal ausprobieren wollen. Das gilt vor allem, wenn man eher ungeübt im Kochen für Partys ist. Besser alt Bewährtes und Neues mischen.

Unterschiedliche Gerichte

Sinnvoll ist es, auch für Büffets – ähnlich wie bei einem Menü – unterschiedliche Gerichtarten einzuplanen. Neben leichten Häppchen gibt es also auch etwas Sättigendes, neben Gemüse auch Fleisch oder Fisch und zum Abschluss etwas Süßes oder Käse. Ein eigenständiges Fleischgericht lässt sich auch gut durch deftige Salate mit Fleischeinlage oder Suppen- und Eintopfgerichte ersetzen.

Es ist wichtig, Gerichte geschickt miteinander zu kombinieren: gut vorzubereitende mit solchen, die frisch zubereitet werden; schnelle, unaufwändigere mit solchen, die mehr Zeit brauchen. Dabei ist zu berücksichtigen, welche Gerichte vorab auch eingefroren werden können (z.B. Suppen, Teigwaren, Sorbets).

Technische Voraussetzungen

Beim Zusammenstellen der Rezepte muss man auch die technischen Bedingungen im Auge haben, ob also z.B. der Backofen oder große Töpfe gebraucht werden. Je sinnvoller man die Nutzung von Geräten oder Geschirr einplant, desto einfacher gestaltet sich später der Ablauf beim Kochen der verschiedenen Gerichte! Dabei ist an das Aufbacken von Brot im Ofen genauso wie an das Warmhalten von Speisen während der Party zu denken.

Mengen kalkulieren

Vor allem bei Büffets – ob kalt oder warm – ist es nicht immer einfach, die Mengen perfekt zu kalkulieren. So weiß man gerade bei großen Partys oft nicht, wie viele Gäste tatsächlich kommen und vor allem, wie viel Appetit sie mitbringen. Im Zweifelsfall gilt hier: Lieber reichlich als zu wenig planen!

Je mehr Gerichte man seinen Gästen anbietet, desto kleiner können die Einzelmengen sein. Bereitet man also beispielsweise nur einen großen Topf Suppe zu, muss die Menge deutlich größer sein, als wenn es zusätzlich noch einige Salate gibt. Üblicherweise kalkuliert man bei Party-Büffets zwischen 400 und 500 g Speisen pro Person. Grundlage dieser Berechnung sind die fertigen Gerichte, also nicht etwa das Rohgewicht der Zutaten. Hinzu kommt noch das Brot, hier geht man von etwa 100 g pro Person aus.

Bei Fingerfood sollte man acht bis zehn Häppchen pro Person kalkulieren. Mindestens vier verschiedene Arten sollten es sein, darunter auch eine süße Dessert-Variante.

Die Rezepte in diesem kleinen Lexikon sind grundsätzlich für 12 Personen berechnet, allerdings immer als eines von mehreren Gerichten.

Der Einkauf

Die Einkaufsliste kann schon einige Wochen vor dem Fest erstellt werden. Denn gerade für große Partys benötigt man für Einkäufe oder Besorgungen oft viel Zeit. Für die zeit- und kostensparende Vorbereitung sollte man sich folgende Fragen stellen:

Was muss ich im Einzelnen einkaufen und wo kaufe ich es am besten ein? Also beispielsweise Grundnahrungsmittel wie Mehl, Zucker, Konserven im Discounter, frisches Obst und Gemüse auf dem Markt, Dekoartikel und Kerzen im Kaufhaus etc.

Wann kaufe ich ein? Vieles lässt sich sehr langfristig besorgen, wie z.B. Tiefkühlkost; anderes muss tagfrisch sein, wie z.B. Fisch oder Meeresfrüchte. In diesem Zusammenhang stellt sich auch die Frage der Lagerung: Wo lassen sich große Mengen Lebensmittel oder auch vorbereitete Gerichte vor der Party lagern? Sollen sie vorab eingefroren werden, gilt es rechtzeitig den Tiefkühlschrank zu checken und gegebenenfalls Platz zu schaffen. Oder man bittet nette Nachbarn um Kühlschrank-Asyl für Salatschüsseln.

Schließlich ist zu bedenken, was sinnvollerweise bestellt werden sollte. Größere Mengen oder besondere Sorten Fleisch, aber auch Partybrote oder besonderen Blumenschmuck gibt man am besten rechtzeitig in Auftrag.

Gerichte vorbereiten

Wer ein großes Büffet plant, kann meist nicht alles am Partytag selbst zubereiten. Das Kochen und Zubereiten gestaltet sich wesentlich stressfreier, wenn man es über mehrere Tage verteilt.

Ein paar Tage vor der Party

Einige Tage vorher kann man herzhafte Kuchen wie Quiches oder Tartes vorbereiten und einfrieren. Außerdem können Antipasti eingelegt werden, sie lagert man in gut verschlossenen Gläsern oder Behältern im Kühlschrank.

Ein Tag vor der Party

Einen Tag vor der Party kann man bereits zahlreiche Gerichte vorbereiten:

- Suppen oder Eintopfgerichte kochen.

- Deftige Salate wie Kartoffel-, Reis- oder Nudelsalat vorbereiten (z.B. Gemüse kochen und schneiden, Dressings anrühren). Manche Salate schmecken am besten, wenn sie einen Tag durchgezogen sind!

- Teigtaschen, die warm serviert werden, vorbereiten und vorbacken – sie werden unmittelbar vor der Party fertig gebacken oder im Ofen erwärmt. Teigtaschen zum kalten Verzehr fertig backen.

- Dips und Brotaufstriche anrühren.

- Desserts wie Kompotte, Sorbets oder Cremes zubereiten, vor allem Cremes, die Zeit zum Gelieren benötigen.

- Kuchen backen.

- Gemüsesorten wie Paprika, Möhren, Kohl oder Zwiebeln putzen, schneiden und in Frischhalteboxen kühl lagern. Getränke spätestens jetzt kaltstellen.

- Bestimmte eingefrorene Zutaten oder Gerichte schon jetzt auftauen und kühl lagern. Im Winter, bzw. bei nächtlichen Außentemperaturen unter 10 Grad, kann man Gerichte generell über Nacht draußen kühlen.

Der Party-Tag

Hatte man ausreichend Zeit zum Vorbereiten der Party, sollten am Party-Tag selbst nur noch wenige Dinge zu erledigen sein.

- Die letzten Lebensmittel einkaufen wie frischen Fisch, Meeresfrüchte, empfindliche Salate und Früchte.
- Bestellte Waren abholen, z.B. Brot und Blumen.
- Spätestens jetzt Eingefrorenes auftauen.
- Frische Gerichte wie Salate und Desserts zubereiten, ggf. Fisch und Fleisch braten.
- Vorbereitete Gerichte fertigstellen bzw. verfeinern, Salate noch einmal abschmecken, frische Kräuter und Dressings hinzufügen.

Anrichten und Dekorieren

Im besten Fall bleibt noch ausreichend Zeit, um die fertigen Gerichte beziehungsweise das gesamte Büffet liebevoll anzurichten und zu dekorieren. Auf jeden Fall sollte man dafür eine halbe Stunde Zeit einplanen. Es kommt nicht nur darauf an, die Speisen optisch attraktiv zu präsentieren, sondern auch praktische Aspekte zu berücksichtigen.

Auf die richtige Reihenfolge achten: In Laufrichtung sollten zunächst die Teller stehen. Dann kommen Vorspeisen und Hauptgerichte. Danach folgen Brot und Butter, Salz und Pfeffer sowie Essbesteck und Servietten. Obst, süße Speisen und Kuchen kann man samt zugehörigem Geschirr und Besteck gesondert anrichten.

Gastfreundlich: Genaue Bezeichnungen von Gerichten, die man nicht auf Anhieb eindeutig identifizieren kann, wie z.B. verschiedene Dips. Am besten malt man kleine Schildchen, die man in Form von Fähnchen an die Gerichte stellen kann. Auch Besonderheiten wie „vegetarisch" oder „zuckerfrei" lassen sich so kennzeichnen.

Schön dekorieren: Das Büffet selbst sollte einen „vollen" Eindruck erwecken. Dazu füllt man die Flächen zwischen den Schüsseln z.B. mit Natur- oder Dekomaterialien. Im optimalen Fall passen sie zu den Speisen, wie ein Sträußchen Thymian zu einem mediterranen Gericht.

Ausreichend Licht: Helligkeit ist unverzichtbar. Nur so können die Gäste auch erkennen, was auf den Teller gelangt und die optischen Reize des Büffets wirklich würdigen.

Top-Tipps: Dekorieren

Mit Liebe gestalten

So sehr der Fokus bei der Vorbereitung auch auf dem Anrichten des Essens liegen mag – abgerundet wird das Bild erst durch schöne Dekorationen. Hier einige effektvolle Tipps und Tricks für perfekte Partydekorationen:

Grundkonzept vorgeben

Es gibt unzählige Möglichkeiten, Räume zu dekorieren. Deshalb empfiehlt es sich zunächst ein Oberthema für die Dekoration festzulegen und damit eine Grundrichtung vorzugeben. Besonders leicht fällt die Wahl bei Partys, die unter einem bestimmten Motto stehen wie „All in white" oder „Oktoberfest". Aber auch bei anderen Feiern kann man ein Dekorationsthema wählen wie z.B. „bunt und fröhlich", „passend zur Jahreszeit" oder „edel und stilvoll".

Kleine Highlights

Beim Dekorieren sind es oft Details, die für ein besonders stimmiges Bild sorgen – die Kleinigkeiten also, an denen man erkennt, dass der Gastgeber sich Gedanken und Mühe gemacht hat. Solche kleinen Highlights lassen sich mit etwas Kreativität leicht schaffen: ein paar Glaskugeln unter auf dem Kopf stehenden Gläsern, nett gefaltete Servietten oder auch passende Accessoires auf Tischen, in Regalen oder auf dem Büffet entfalten eine nachhaltige Wirkung.

Klassische Party-Deko

Jeder kennt sie: Luftschlangen, Luftballons oder Girlanden, die klassischen Deko-Accessoires für Partys. Und entsprechend signalisieren sie jedem Gast sofort: Hier wird gefeiert! Sicherlich sorgen sie allein noch nicht für die perfekte Party-Deko – aber bunte i-Tüpfelchen setzen sie allemal.

Auf Durchgängigkeit achten

Hier ein paar bunte Girlanden, dort ein edles Blumengesteck und in der dritten Ecke wiederum andere Accessoires: So entsteht kein stimmiger Gesamteindruck. Optimalerweise spricht alles eine Sprache: von der Dekoration des Büffets über die der Tische bis hin zu Dekorationselementen wie einem Willkommensgruß an der Haustür.

Das richtige Lichtszenarium

Licht hat nicht nur Auswirkungen auf die Helligkeit, sondern vor allem auch auf die Stimmung. Für Indoor-Partys gilt: Grundsätzlich sollte es nicht zu hell oder gar grell sein. Am besten verteilt man verschiedene Lichtquellen im Raum und beleuchtet eher die Seiten als die Raummitte. Das erreicht man besonders einfach, indem man verschiedene Kerzen und Lichterketten im ganzen Raum verteilt. Soll getanzt werden, ist buntes Licht besonders attraktiv. Bei den meisten Leuchten kann man dazu die Standard-Leuchtmittel gegen farbige Glühbirnen oder auch Halogenstrahler austauschen. Wenn im Garten oder auf der Terrasse gefeiert wird, sorgen Lampions und Fackeln für stimmungsvolles Licht.

Ton in Ton dekorieren

Farben spielen beim Dekorieren die Hauptrolle. Besonders stimmig wirkt eine Raumgestaltung deshalb immer dann, wenn man sich für ein bestimmtes Farbkonzept entscheidet. Wählt man z.B. „bunt", dann sollten immer nur knallige Farben und nicht etwa gedeckte Erdtöne Verwendung finden. Dunkles Rot in Kombination mit Grün wirkt romantisch, Weiß mit ein oder zwei Zusatzfarben elegant.

Raumumgebungsflächen

Die meisten Dekorations-Artikel bietet der Handel für Tische und Regale an. Aber für die Raumwirkung sind die Wandflächen ebenfalls von entscheidender Bedeutung. Sie kann man nicht nur mit Girlanden oder Luftballons verzieren, sondern beispielsweise auch mit Stoffen oder Tüchern behängen.

Jahreszeitlicher Bezug

Jahreszeiten sind auf Partys immer präsent – wie der Sommer bei einer Gartenparty. Einfach und schnell, preiswert und wirkungsvoll sind deshalb Dekorationen mit Naturmaterialien, die der Jahreszeit entsprechen und so auch deren Grundstimmung unterstreichen, wie z.B. eine Herbstdekoration mit Äpfeln, Blättern und Kastanien.

Sich Zeit nehmen und Details beachten

Gut Ding will Weile haben – diese kleine Lebensweisheit gilt auch beim Dekorieren. Sicher, für eine spontane Party kann man schnell mit wenig Aufwand Nettes zaubern (siehe S. 52). Aber ansonsten gilt: Wer sich gründlich überlegt, was er wie machen möchte und dann mit Muße und Liebe zum Detail zu Werke geht, erzielt die besten Ergebnisse. Und: Meist dauert auch das Dekorieren länger als man denkt.

Spontane Partys

Quick & Easy

Tolle Leckereien zaubern

Die schönsten Feiern entstehen oft ganz spontan, z.B. nach einem Kinobesuch mit Freunden, nach dem man noch Lust hat, ein bisschen zusammen zu bleiben. Oder nach Feierabend im Büro, wenn man sich mit seinen Lieblingskollegen kurzerhand zu einer kleinen After-Work-Party verabredet.

Oft möchte man dann nicht nur Chips oder Kräcker auf den Tisch stellen, sondern möglichst schnell und unkompliziert ein paar tolle Leckereien aus dem Hut zaubern.

Gleiches gilt, wenn nur wenig Zeit zum Vorbereiten einer Party bleibt. Auch dann ist „Quick & Easy“ gefragt. Und mit dem richtigen Konzept geht das relativ problemlos: Gefragt sind ein paar einfallsreiche Rezepte, die sich im Handumdrehen zubereiten lassen. Dazu zählen knackige Salate genauso wie frische Dips oder so einfache wie leckere Gemüse-Variationen.

Die besten Tipps zu Quick & Easy

Wenn nur wenig Vorbereitungszeit zur Verfügung steht, bedeutet das nicht zwangsläufig, dass man auf der Party auf Leckeres verzichten muss.

Gemeinsam Kochen

Ohne Fleiß kein Preis. Aber warum in der Küche alles allein zubereiten! Gemeinsam macht es mehr Spaß und alles geht viel schneller – vorausgesetzt man teilt die Arbeit auf: Der eine schnippelt Gemüse, der andere putzt den Salat, der dritte kümmert sich ums Dressing. So fängt die Party schon beim Vorbereiten an.

Keine Experimente

Gerade wenn es schnell gehen soll, muss jeder Handgriff sitzen. Jetzt ist nicht die Zeit für Experimente. Am besten konzentriert man sich auf ganz einfache Rezepte oder auf Gerichte, die man aus dem Effeff beherrscht. Wer vorausschauend kocht, kann im Vorfeld einer Party schon einmal das eine oder andere Quick-&-Easy-Rezept ausprobieren. Dann ist man auf der sicheren Seite – sowohl was das Kochen, als auch was den Geschmack betrifft.

Fertigprodukte abwandeln

Auch wenn nur wenig Zeit bleibt: Nur auf Fertigprodukte zurückzugreifen, kommt geschmacklich nicht in Frage. Aber alles selbst zu kochen – dafür fehlt die Zeit. Der Mittelweg stellt den richtigen Kompromiss dar: Es gibt eine Reihe von Fertigprodukten, die man sehr gut als Basis für Eigenkreationen verwenden kann. Das Spektrum reicht von einer Majonäse, mit Kräutern oder anderen Zutaten zu einem tollen Dip verwandelt über geschälte Tomatenstückchen aus der Dose für eine Salsa bis hin zu kleinen Blätterteigformen, die man nur noch füllen und überbacken muss.

Schnelle Deko

Auch beim schnellen Büffet für die spontane Party gilt: das Auge isst mit. Dabei muss man keinen großen Aufwand betreiben, damit alles etwas netter und appetitlicher aussieht. Vielmehr sind ein wenig Kreativität und ein paar einfache Ideen gefragt. Hier einige kleine Anregungen:

Modeschmuck als Eyecatcher

Modeschmuck schmückt nicht nur die Trägerin, sondern kann auch an einem Büffet für schöne Akzente sorgen. Die Ketten einfach um oder zwischen Schüsseln und Schälchen legen: Schon wirkt das ganze edel und ansprechend.

Blüten verstreuen

Blumen zieren jeden Raum – und jeden Tisch! Gleiches gilt für Blüten oder Blütenblätter – sie haben den Vorteil, dass man mit ihnen auch auf größeren Flächen ganz einfach hübsche Deko-Akzente setzen kann. So kommen einzelne Blüten in verschiedenen kleinen Schälchen – z.B. Teelichtschalen – weitaus dekorativer zur Geltung als in einem Strauß.

Und wenn man dann noch die Blätter einer Blüte dazwischen streut, wird die Blumen-Deko perfekt.

Ein Hauch von Urlaub

Sicherlich haben Sie in Ihrem letzten Strandurlaub auch ein paar Muscheln gesammelt. Bei der Spontandeko bekommen diese ihren großen Auftritt. Am Büffet zwischen den Tellern, Tassen und Töpfen ausgelegt, vermitteln sie sofort einen Hauch von Urlaub. Perfekt wird das ganze, wenn man noch etwas Sand dazwischenstreut – hierfür eignet sich am besten sauberer Spielsand.

Romantisches Kerzenlicht

Je stimmungsvoller das Raumlicht, desto gelungener auch das Party-Ambiente. Kerzen sorgen für besonders romantische Lichtakzente. Am besten zündet man so viele wie möglich an und verteilt sie im ganzen Raum. Dazu muss man nicht gleich ein paar Dutzend Kerzenständer besitzen: Teelichter, auf flache Teller oder in kleine Gläser gestellt, sorgen für den gleichen Effekt. Und wenn man um die Gläser dann noch Stoffstücke – z.B. Seiden- oder Halstücher – drapiert, entsteht wahres Wohlfühllicht.

Kräcker, Dips & Co.

Gegen den kleinen Hunger

Ob Salzgebäck, Nüsse oder Kartoffelchips, Kräcker oder Grissini: Diese und andere Knabbereien sind immer die einfachste Möglichkeit, seinen Gästen zum Getränk etwas „für die Zähne" anzubieten. Bringen die Gäste jedoch – wie beispielsweise nach der Arbeit – richtig Hunger mit, so reichen Salzstangen und Chips allein nicht aus. Dennoch bieten sie sich als Basis für verschiedene Snacks an, mit denen man zumindest dem kleinen Hunger zuleibe rücken kann.

Kräcker & Käse

Entscheidend sind die richtigen Partner: Zwei, drei Sorten Käse, ein paar Dips oder Aufstriche und dazu noch etwas frisches Gemüse als Rohkost zum Dippen – da ist für jeden etwas dabei. Simple Kräcker verwandeln sich mit einem Stückchen Roquefort-

käse und einer Birnenspalte genauso zum alternativen Canapé wie mit einem Klecks Kräuterfrischkäse und knackigen Radieschen.

Frischkäsedip: Eine Packung Ricotta (250 g) mit 2 EL Sahne anrühren, leicht salzen, frischen Pfeffer darüber mahlen und frisches gehacktes Basilikum unterrühren – fertig ist ein köstlicher Aufstrich, der zu frischem Ciabatta, Grissini und Tomaten passt.

Mediterrane Majonäsen

Ob als spanische Aioli mit Knoblauch, als italienische Salsa tonnata mit Thunfisch oder einfach feurig scharf mit frischen Chilistückchen abgeschmeckt: Majonäse dient als Grundlage für ganz unterschiedliche Dips und Saucen. Man kann sie mit fertiger Majonäse zubereiten oder in der fettärmeren Version auch mit Salatcreme. Selbst gerührte Majonäsen schmecken – vor allem mit edlem Öl zubereitet – natürlich besonders gut.

Grundrezept: 2 Eigelb mit Salz, Pfeffer und 1 TL Senf verrühren. Dann mit dem elektrischen Mixer schaumig schlagen und zunächst tropfenweise $^1/_8$ l Öl in die Eimischung einlaufen lassen. So lange Öl einrühren, bis die gewünschte Konsistenz erreicht ist. Bei großen Eiern kann auch mehr als $^1/_8$ l Öl dazu erforderlich sein.

Varianten: Für einen pikanten Knoblauchdip verrührt man 200 g Majonäse mit 100 g Crème fraîche, würzt mit Salz, Pfeffer, einer Prise Zucker und gibt 2 feinst gehackte Knoblauchzehen sowie 1/2 fein gehackte Chilischote dazu. Für eine Salsa tonnata wird Majonäse mit in Öl eingelegtem, abgetropftem Thunfisch aufgemixt. Dazu passen frische Rohkost-Sticks wie Gurken, Sellerie oder Kohlrabistücke.

Fruchtig frisch

Wer's frisch mag, bietet seinen Gästen kleine Rohkost- oder Gemüsesticks zum Dippen an oder verarbeitet das Gemüse direkt selbst zu einer Sauce. So können z.B. frische Tomaten mit etwas fein gewürfelter Zwiebel, einem Teelöffel Tomatenmark, Salz, Pfeffer und frischen Kräutern zu einem Dip verarbeitet werden. In der Variante mit Chili passt dieser perfekt zu Nachos. Hierzu lässt sich zudem auch eine gehaltvolle Guacamole servieren.

Guacamole: 1 reife Avocado schälen und mit Limettensaft zerdrücken. Eine große gehäutete Tomate fein würfeln, mit feinen Zwiebelwürfeln, Salz und gehackter grüner Chili unter das Avocadomus mischen. Nach Belieben mit frischem Koriandergrün würzen.

Bunter Bohnensalat

Wenn die Gäste beim Schnippeln der Paprikaschoten helfen, ist dieser bunte Salat ruck, zuck fertig. Wer nicht auf Thunfisch steht, kann auch auf diesen verzichten.

Zutaten: 3 Dosen Kidneybohnen • 4 Dosen Thunfisch in Öl • 1 große Dose Mais • je 2 rote, gelbe und grüne Paprikaschoten • 1 Bund Lauchzwiebeln • 2 Knoblauchzehen • 4 EL Kräuteressig • 4 EL Olivenöl • Salz • Pfeffer

- Kidneybohnen in ein Sieb geben, abwaschen und abtropfen.

- Thunfisch und Mais ebenfalls im Sieb abtropfen lassen, Thunfisch zerpflücken.

- Die Paprikaschoten halbieren, entkernen, waschen und in feine Streifen schneiden.

- Zwiebeln putzen, halbieren und in dünne Streifen schneiden, Knoblauch schälen und pressen.

- Alle Zutaten in eine große Schüssel füllen, mit Essig und Öl übergießen, gut vermengen und mit Salz und Pfeffer abschmecken.

Tomatensuppe mit Gin

Tomaten aus der Dose sind zu jeder Jahreszeit sehr aromatisch und eignen sich besonders gut für Suppen. So erspart man sich das aufwändige Vorbereiten frischer Tomaten.

Zutaten: 1 Bund Suppengrün • 4 große Dosen Tomaten • 2 EL Olivenöl • 4 cl Gin • 1 l Gemüsebrühe (aus 2 EL gekörnter Brühe) • 2 EL Zucker • Salz • Pfeffer • 1 Bund Schnittlauch • 1 Becher Sahne

Das Suppengrün waschen, putzen und alles sehr klein schneiden. Die Tomaten aus der Flüssigkeit nehmen und in kleine Stücke schneiden.

Olivenöl in einem großen Topf erhitzen und das Suppengrün darin andünsten. Mit Gin ablöschen.

Die Tomatenstücke zugeben und aufkochen. Brühe angießen und die Suppe etwas anpürieren. Mit den Gewürzen und je nach Gusto mit weiterem Gin abschmecken.

Schnittlauch waschen, trocknen, in Röllchen schneiden und in ein Schälchen geben. Die Sahne steif schlagen, in eine Schale füllen und mit den Schnittlauchröllchen zur Suppe servieren.

Kräuterquark-Pasteten

Kleine Blätterteigpasteten aus tiefgefrorenen Blätterteig-Platten lassen sich in etwa einer halben Stunde selbst backen. Man bekommt sie aber auch als Fertigprodukt in großen Supermärkten. Sie sind in wenigen Minuten servierfähig, wenn man sie mit gewürztem Quark oder Frischkäse füllt.

Bäckt man die Pasteten selbst, kann man während der Backzeit einen schnellen Kräuterquark anrühren. Von den Gebäckstücken schneidet man vor dem Füllen einen Deckel ab, den man anschließend dekorativ wieder aufsetzt.

Pasteten (für 20 Stück): 6 Scheiben Blätterteig auftauen, jeweils 3 Scheiben übereinanderlegen und dabei die unteren Scheiben mit flüssiger Butter bestreichen. Mit einem runden Ausstecher oder einem Schnapsglas aus beiden Teigstapeln je 10 Kreise ausstechen. Auf ein Backblech setzen. 1 Eigelb mit 1 EL Milch verquirlen, die Teigstücke damit bepinseln und bei 220 °C etwa 10 Minuten goldgelb backen.

Kräuterquark: 250 g Sahnequark (40 %) mit 3 EL Crème fraîche verrühren. Frische gehackte Kräuter oder ein Päckchen Tiefkühl-Kräuter darunter rühren. Mit einem Spritzer Zitrone, Salz und Pfeffer abschmecken.

Caprese-Spieße im Glas

Einen starken Auftritt haben diese unaufwändig zuzubereitenden Spieße mit Cocktail-Tomaten und Mozzarella-Kugeln, wenn sie einzeln in kleinen Gläsern serviert werden. Einfache kleine Windlicht-Gläschen lassen sich hierfür wunderbar zweckentfremden. Aber auch kleine Trinkgläser eignen sich bestens.

Alternativ zum Basilikum kann man auch einige Rucola-Blätter hacken und zur Marinade geben.

Zutaten (für 12 Spieße): • 12 Cocktailtomaten • 12 Mozzarella-Kugeln • einige Zweige Basilikum • 5 EL Olivenöl • Salz • schwarzer Pfeffer • 12 kleine Spieße

Tomaten waschen und mit Küchenkrepp trocknen. Die Käsekugeln aus der Lake nehmen und abtropfen.

Jeweils eine Tomate und ein Stück Mozzarella auf einen kleinen Spieß stecken und in ein kleines Glas stellen.

Basilikum waschen, trocken schütteln und in feine Streifen schneiden. Olivenöl mit Salz und Pfeffer verrühren, Basilikum dazugeben und jeweils teelöffelweise auf die Gläser verteilen.

Überbackene Zucchini

Dieses Gemüse wird im Backofen gegart und bekommt durch den Schafskäse eine mediterrane Note. Natürlich kann man auch frische Kräuter verwenden. Je nach Zusammenstellung der Kräutermischung lassen sich auch geschmacklich unterschiedliche Akzente setzen wie z. B. „griechisch“ oder „italienisch“. Selbstverständlich eignen sich auch fertige Mischungen aus getrockneten Kräutern.

Zutaten: 4 mittelgroße Zucchini • 1 Pfund Strauchtomaten • 600 g Schafskäse • Salz • Pfeffer • 12 EL Olivenöl • getrocknete Frühlingskräuter

- Die Zucchini waschen und in große Würfel schneiden. Tomaten waschen und in kleine Stücke schneiden. Dabei die grünen Stielansätze entfernen.

- Den Schafskäse in Würfel schneiden.

- Alle Zutaten in eine große Auflaufform geben, salzen und pfeffern, mit dem Olivenöl übergießen und großzügig mit Frühlingskräutern bestreuen.

- Im Backofen auf der mittleren Schiene bei 200 °C ca. 15 bis 20 Minuten garen.

Überbackenes Baguette

Überbackenes Baguette ist schnell zubereitet und schmeckt in der Kombination mit Käse und Früchten besonders gut. Hier kann man nach individuellem Geschmack immer wieder variieren und so zum Beispiel den eigenen Lieblingskäse verwenden.

Zutaten (für 12 Stück):

3 mittelgroße Baguettebrote • 3 große Birnen • 125 g Butter • 12 Scheiben roher, mild geräucherter Schinken • 12 Scheiben Edamer • 1 kleines Glas Preiselbeeren

- Den Backofen auf 180 °C vorheizen.

- Die Birnen waschen, schälen, entkernen und in schmale Spalten schneiden.

- Baguettes halbieren, dann horizontal aufschneiden sodass man aus jedem Brot vier Stücke erhält.

- Baguette-Stücke mit Butter bestreichen, dann mit Schinken, den Birnenspalten und Käsescheiben belegen.

- Im Backofen bei 180 °C ca. 8–10 Minuten überbacken, danach mit Preiselbeeren bestreichen und heiß servieren.

Schnelles Beereneis

Für dieses schnelle Eis eignet sich jede Art von Beeren. Mit Buttermilch schmeckt das Eis sommerlich erfrischend, ersetzt man die Buttermilch durch Sahne (450 ml) und Milch (150 ml), so wird das Eis besonders fein und cremig.

Für das Gelingen ist ein elektrischer Pürierstab oder eine entsprechende Küchenmaschine erforderlich. Sinnvoll ist es, das Eis in zwei oder drei Portionen nacheinander herzustellen.

Zutaten: 1200 g tiefgekühlte Erdbeeren • 6 EL Puderzucker • 600 ml Buttermilch

- Einen hohen Rührbecher gut vorkühlen.
- Die gefrorenen Früchte in den Rührbecher geben, einige für die Dekoration beiseite legen. Den Puderzucker über die Früchte im Rührbecher sieben und die Buttermilch zugeben.
- Mit einem Pürierstab zu einem cremigen Eis mixen.
- Am besten in vorgekühlte Gläser oder Schalen füllen und sofort servieren.

Große Partys

Mega-Partys

Die Top-Tipps für große Partys

Wer hat noch nicht davon geträumt, mal die Spendierhosen anzuziehen und mit allen Freunden und Bekannten so richtig einen drauf zu machen. So eine Mega-Party – quasi ohne Begrenzung der Gästezahl – muss kein Traum bleiben: optimale Planung, gute Vorbereitung und ein Quäntchen Organisationstalent – sprich viele Leute als Helfer einzuspannen – machen es möglich.

Budget abklären

Der finanzielle Rahmen muss bei einer Party für Viele natürlich klar abgesteckt sein. Auch Bier und Wein haben ihren Preis. Wer Angebote vergleicht und sich beim Weinhändler informiert, kann entsprechende Mengen mit Qualität einkaufen.

Mitbring-Party koordinieren

Auch für Viele lassen sich attraktive Speisen anbieten. Ab einer Zahl von 24 Personen wird allerdings die Vorberei-

tung von aufwändigen Häppchen oder Kleinportionen unrealistisch. Wer es sich leicht machen will und trotzdem ein reiches Büfett anbieten möchte, spannt einfach seine Gäste ein. Denn der besondere Lieblingssalat oder die bestimmte Spezialität von Freundinnen und Freunden dürfen auf keiner Party fehlen. Hier kommt es darauf an, die verschiedenen Mitbringsel vorher abzusprechen, um Dopplungen zu vermeiden. Am besten führt man eine genaue Liste. Nur so lässt sich vermeiden, dass beispielsweise viele Salate, aber so gut wie kein Nachtisch mitgebracht werden.

Helfer helfen

Wer viele Gäste einlädt, sollte sich die Bewirtung der Gäste so einfach wie möglich machen, um selbst noch etwas vom Abend zu haben. Deshalb gilt hier, schon vor der Party für Helfer zu sorgen, die zwischendurch beispielsweise bei den Getränken für Nachschub sorgen, Aschenbecher ausleeren oder auch benutztes Geschirr und Gläser einsammeln.

Pappteller in Hülle und Fülle

Wegwerf-Geschirr bietet bei vielen Gästen eine durchaus praktische Alternative zu Porzellan, das man spülen muss. Wer Hunger hat, dem schmeckt es auch vom Pappteller. Bei manchen Party-Klassikern, wie Kartoffelsalat und Würstchen oder Erbseneintopf, ist das praktische Wegwerf-Geschirr sogar Kult.

Große Garderobe

Auch wenn auf einer großen Party die Garderobe keine Frage der Etikette ist, sollte man an die Jacken und Mäntel der Gäste denken. Spätestens wenn die Musik heißer

wird, werden die wärmenden Kleidungsstücke lästig. Man sollte also ausreichend Platz – sprich Garderobenständer, Tische oder gegebenenfalls das Bett im Schlafzimmer – zur Ablage bereithalten.

Eine Stehparty schafft Platz

Wer viele Leute unterbringen möchte, muss in der Regel Platz sparen. Stehtische, an denen sich große Gruppen in launigen Runden treffen, sind Trumpf. Viele Getränkehändler bieten entsprechendes Mobiliar zum Leihen an. Allerdings: Völlig sollte man auf Sitzgelegenheiten nicht verzichten, denn irgendwann wird jedes Bein mal müde. Am besten sorgt man für Klappstühle, die bei Bedarf aufgestellt werden können.

Im richtigen Licht erscheinen

Liebevoll gestaltete Details gehen auf großen Partys meistens schnell unter – allzuviel Aufwand bei der Dekoration muss man also nicht betreiben. Allerdings: Wichtig sind stimmungsvolles Licht und ein nett angerichtetes Büffet. Soll getanzt werden, tragen bunte Leuchten und natürlich auch Disco-Licht effektvoll zur Partystimmung bei.

Aufräumparty

Alles hat ein Ende … und damit die Party nicht ein bitteres Ende für den Gastgeber nimmt, lädt man zum Katerfrühstück ein. Frei nach dem Motto „nach der Party ist vor der Party" treffen sich Freiwillige zum gemeinsamen Aufräumen und Saubermachen. So lässt man nicht nur den Gastgeber mit einem Meer leerer Flaschen, voller Aschenbecher und Bergen von dreckigem Geschirr allein – gemeinsam lassen sich bei der Putzparty auch herrlich noch einmal die Höhepunkte des vergangenen Abends wiederbeleben und natürlich die Reste verputzen.

Lauchcremesuppe

Diese Lauchsuppe kann man sehr gut vorbereiten; die Pilze sollten jedoch immer frisch direkt vor dem Servieren gebraten und zur Suppe gegeben werden.

Zutaten: 6 EL Sonnenblumenöl • 750 g gemischtes Hackfleisch • 3 Zwiebeln • 4 Stangen Lauch • $^{1}/_{2}$ l trockener Weißwein • 4 EL gekörnte Brühe • 200 g Sahne-Schmelzkäse • 300 g Kräuter-Schmelzkäse • 400 g Champignons • edelsüßes Paprikapulver

Öl in einer beschichteten Pfanne erhitzen und das Hackfleisch darin krümelig anbraten. 2 Zwiebeln schälen, würfeln und mitbraten. In einen großen Topf umfüllen.

Lauch putzen, waschen, in feine Ringe schneiden, zum Fleisch in den Topf geben und bei mittlerer Hitze weich schmoren. Weißwein und 2 l heißes Wasser aufgießen, gekörnte Brühe einrühren und alles aufkochen lassen. Den Käse nach und nach in die nicht mehr kochende Suppe rühren und vollständig darin schmelzen lassen.

Champignons putzen, in Scheiben schneiden, übrige Zwiebel fein würfeln, beides in etwas Öl anbraten. Die Pilze in die Suppe geben und diese mit Paprika abschmecken.

Chili con carne

Zutaten: 2 Zwiebeln • 500 g Hackfleisch • 1 EL Olivenöl • 1 Knoblauchzehe • 1 große Dose Tomaten • 1 große rote Paprikaschote • 1 Chilischote • $1\frac{1}{2}$ TL gemahlener Kreuzkümmel • 2 EL Tomatenmark • Oregano • 1 kl. Dose Kidneybohnen • Salz • getrockneter Chili (aus der Mühle)

- Die Zwiebeln schälen, würfeln und mit dem Hackfleisch in Olivenöl anbraten. Die gepresste Knoblauchzehe dazugeben.

- Tomaten abtropfen, den Saft auffangen. Paprika in kleine Würfel schneiden. Chilischote fein hacken. Entfernt man zuvor die Kerne aus der Schote, mildert dies die Schärfe.

- Sobald das Fleisch Bräunung angenommen hat, Kreuzkümmel darüber streuen, Chili und Paprika hinzugeben, kurz andünsten; Tomatenmark unterrühren. Mit etwas Saft der Dosentomaten (oder ca. 100 ml Wasser) ablöschen, Oregano und Bohnen hinzugeben und etwa 15 Minuten köcheln lassen. Bei Bedarf noch etwas Flüssigkeit nachgießen, die Konsistenz sollte sämig sein.

- Das Gericht zunächst mit Salz abschmecken; für mehr Schärfe getrocknete Chili darüber reiben.

Reisnudel-Salat

Orzo oder Kritharaki sind kleine Nudeln in Form von Reiskörnern, aus denen sich zum Besipiel köstliche Salate zubereiten lassen.

Zutaten: 400 g Putenbrustfilet • 1 EL Zitronenpfeffer • 2 EL Olivenöl • 500 g Brokkoli • 150 g Zuckerschoten • 350 g Orzo • 150 g getrocknete Tomaten in Öl • Petersilie
Dressing: 1 unbehandelte Zitrone • 50 ml Weißweinessig • 100 ml Olivenöl • Salz • Pfeffer • 1 TL Puderzucker • 1/2 Bd. Petersilie • 2 Zweige Zitronenmelisse • 3 Schalotten

- Das Putenbrustfilet kalt abspülen, trockentupfen, mit Zitronenpfeffer einreiben und in heißem Olivenöl braten.

- 2 Liter Salzwasser zum Kochen bringen. Brokkoli putzen, in kleine Röschen teilen und in das kochende Wasser geben. Nach 1 Minute die Zuckerschoten dazugeben und 2 Minuten blanchieren. Mit einem Sieb oder einer Schaumkelle herausnehmen und in eine Schüssel mit Eiswasser füllen.

- In das kochende Wasser nun die Orzo-Nudeln geben und nach Packungsanweisung al dente kochen (ca. 10 Minuten). Abgießen, kalt abbrausen und abkühlen lassen.

Das abgekühlte Fleisch würfeln. Die Tomaten in dünne Streifen schneiden. Petersilie waschen und fein hacken.

Für das Dressing Zitrone heiß abwaschen, trocknen und die Schale abreiben. Zitrone dann auspressen, den Saft mit Essig und Olivenöl verschlagen. Salz, Pfeffer, Zitronenschale, Zucker, gehackte Kräuter und fein gewürfelte Schalotten zugeben. Alle Salatzutaten miteinander mischen, das Dressing darübergießen.

Couscous-Salat

Zutaten: 500 g Couscous (instant) • 500 g Tomaten • 2 Salatgurken • 2 gelbe Paprikaschoten • 1 Bund Frühlingszwiebeln • 1 Bund frische Minze • 2 Bund glatte Petersilie
Dressing: 2 Limetten • 1/2 Tasse Olivenöl • 1 Msp. Kreuzkümmel • Salz • Pfeffer

- Couscous in eine Schüssel geben, nach Packungsanweisung mit heißem Wasser übergießen, ausquellen und abkühlen lassen.

- Gemüse waschen und putzen. Tomaten entkernen und würfeln. Gurken ebenfalls in Würfel, Paprika in kleine Stücke schneiden. Frühlingszwiebeln in dünne Ringe schneiden.

- Minze und Petersilie waschen, trockenschütteln und die Blättchen fein hacken. Alle vorbereiteten Zutaten in eine große Schüssel geben und miteinander vermischen.

- Für das Dressing die Limetten auspressen und mit Olivenöl und Kreuzkümmel verrühren. Über den Salat geben und gut durchmengen. Den Salat mit Salz und Pfeffer abschmecken und 30 Minuten durchziehen lassen.

Linsen-Curry-Salat

Zutaten: 500 g Tellerlinsen • Salz • 1 EL gekörnte Brühe • 2 Schalotten • 2 Bund Schnittlauch
Vinaigrette: 5 EL Balsam-Essig • 1 TL Zucker • 1 EL Curry • Pfeffer • Salz • 5 EL Olivenöl

▬ Die Linsen über Nacht in 1 l Wasser mit 1 EL Salz einweichen.

▬ Am nächsten Tag 1 EL gekörnte Brühe zum Wasser geben und die Linsen in etwa 10 bis 15 Minuten bissfest kochen. Flüssigkeit abgießen und die Linsen in eine Schüssel umfüllen.

▬ Die Schalotten häuten und fein würfeln, den Schnittlauch waschen und in feine Röllchen schneiden.

▬ Für die Vinaigrette Balsam-Essig, Zucker, Curry, Pfeffer und etwas Salz verrühren. Öl hinzugeben und alles mit dem Schneebesen gut verquirlen.

▬ Die Vinaigrette mit den Schalotten und dem Schnittlauch unter die Linsen geben und den Salat mindestens 30 Minuten gut durchziehen lassen. Anschließend nach Geschmack noch mit weiterem Balsam-Essig abschmecken.

Hähnchenkeulen

Zutaten: 16 Hähnchenkeulen • 1 Limette • 3 EL flüssiger Honig • 4 EL Sojasauce • 2 EL Sesamöl • 2 cm Ingwerwurzel • 2 Knoblauchzehen • 1/2 TL Zitronenpfeffer • Tabasco • 4 EL Sesamsaat

Am Vortag: Hähnchenkeulen abspülen und trockentupfen. In eine flache Schüssel geben.

Limette auspressen, Saft mit Honig, Sojasauce und Öl verrühren. Ingwer schälen, Knoblauch häuten, beides sehr fein würfeln. Zu der Marinade geben. Zitronenpfeffer und einen Spritzer Tabasco zugeben, alles gut verrühren. Die Hähnchenkeulen mit der Marinade übergießen und darin wenden. Über Nacht im Kühlschrank durchziehen lassen.

Zum Braten der Keulen den Backofen auf 220 Grad vorheizen, Grillrost ölen. Die marinierten Hähnchenteile aus der Marinade nehmen, abtropfen lassen und mit Sesam bestreuen.

Auf den Grillrost legen und in den Ofen schieben; darunter eine Fettwanne einschieben. Das Fleisch etwa 40 Minuten braten. Bei Bedarf am Ende der Garzeit den Grill zuschalten, dann werden die Keulen besonders kross.

Gulaschsuppe à la Provence

Zutaten: 600 g geräucherter Speck • 2 EL Olivenöl • 2 1/2 kg Gulaschfleisch • 9 Zwiebeln • Salz • Pfeffer • Mehl • 2 l Weißwein • 2 l Brühe • 3 Bund Suppengrün • 9 Nelken • 9 Knoblauchzehen • 12 mittelgroße Tomaten • 200 g schwarze Oliven (entsteint) • 3 Bund Petersilie

Den Speck würfeln, in einem großen Topf in Olivenöl anbraten. Aus dem Topf nehmen und zur Seite stellen.

Fleisch im Speck-Fett anbraten, Zwiebeln schälen, in Scheiben schneiden, zum Fleisch geben und andünsten. Kräftig salzen und pfeffern und mit Mehl bestäuben. Anschließend mit Wein und Brühe ablöschen.

Suppengrün waschen, zusammenbinden und die Nelken in Lauch oder Sellerie stecken. Zusammen mit den enthäuteten Knoblauchzehen zum Fleisch geben. 2 Stunden bei kleiner Hitze schmoren lassen. Danach das Suppengrün mit den Nelken entfernen.

Tomaten mit heißem Wasser überbrühen, häuten, vierteln und mit Oliven und Speck zum Fleisch geben. Die Suppe eine weitere Stunde zugedeckt bei kleiner Hitze schmoren. Vor dem Servieren die gehackte Petersilie hinzufügen.

Marias Himbeertraum

Diese sahnige Creme ist einfach in der Zubereitung und mit ihrem leichten Zitronenaroma eine köstliche Erfrischung, die die Gäste mit Sicherheit begeistert.

Zutaten: 1250 g tiefgekühlte Himbeeren • 400 g saure Sahne • 200 g Crème fraîche • 3 Zitronen • $1^{1}/_{2}$ Pck. Instant-Gelatine • 500 ml Sahne • 150 g Zucker • 3 EL Puderzucker

- Himbeeren in einer flachen Schüssel auftauen lassen.

- Saure Sahne und Crème fraîche mit einem Schneebesen gründlich aufschlagen.

- Zitronen auspressen und den Saft unter die Creme rühren. Instant-Gelatine unter ständigem Rühren in die Creme rieseln lassen.

- Sahne mit dem Zucker steif schlagen und unterheben.

- 1 kg der Himbeeren mit dem Puderzucker grob pürieren. In eine Glasschüssel abwechselnd Creme und Himbeeren schichten. Zum Abschluss die nicht pürierten Himbeeren auf die Creme füllen. Mindestens 2 Stunden kalt stellen.

Caipirinha-Bowle

Zutaten: 15 Limetten • 1½ l Mineralwasser • 1 Galia-Melone • 200 ml Zuckerrohrschnaps (Cachaça) • 250 g Rohrzucker • 2 Flaschen trockener Sekt (z. B. Riesling)

- Limetten heiß abwaschen, Schale mit Küchenpapier trockenreiben. 5 bis 6 Limetten auspressen, sodass etwa 100 ml Saft entstehen. Von 2 Limetten die Schale abreiben.

- Den Limettensaft mit ¼ l Mineralwasser mischen, mit dem Schalenabrieb in Eiswürfelbehälter geben und einfrieren.

- Die Melone halbieren, entkernen und mit einem Kugelausstecher kleine Kugeln herauslösen. Die Melonenkugeln mit dem Zuckerrohrschnaps übergießen und einige Stunden darin marinieren.

- Drei Limetten beiseite legen, die restlichen Früchte vierteln, in das Bowlegefäß geben, mit dem Rohrzucker vermischen und zerstoßen. Melonenkugeln mit Marinade dazugeben, durchrühren und kaltstellen.

- Die drei übrigen Limetten in Scheiben schneiden. Die vorbereiteten Eiswürfel zur Fruchtmischung geben und diese zunächst mit Mineralwasser, dann mit Sekt aufgießen. Die Limettenscheiben zur Dekoration mit in das Gefäß geben.

Tipp: Wer möchte, kann nach dem Aufgießen des Mineralwassers zunächst einen Teil der zerstoßenen, unansehnlichen Limettenschalen aus dem Gefäß fischen.

Sommer-Partys

Spaß im Freien

Partyzone rund um den Grill

Was kann es schöneres geben, als sich mit seinen Freunden an lauen Sommerabenden unter sternenfunkelndem Himmel zu einer Sommerparty zusammenzufinden? Ein großer Balkon, eine Terrasse oder eine Wiese sind hierfür ideale Partyzonen, vor allem dann, wenn man einen Grill anwerfen kann. Denn jedes Barbeque bereichert gerade im Sommer das Party-Büffet um besonders beliebte und wohlschmeckende Gerichte.

Dabei eignen sich nicht nur Fisch und Fleisch fürs Grillvergnügen – auch Rohkost und Gemüse lassen sich z.B. auf Spießen hervorragend grillen. Auch die Vegetarier kommen damit voll auf ihre Kosten. Perfekt wird das Sommerparty-Catering, wenn man das Barbeque-Büffet zusätzlich mit leckerem Gemüse, frischen Salaten und Früchten sowie Desserts bereichert.

weber
weber

Top-Tipps für die Sommerparty

Sich verabreden, ein paar kalte Getränke organisieren und den Grill anwerfen – so einfach kann eine Sommerparty sein. Fürs perfekte Vergnügen sind allerdings noch ein paar Kleinigkeiten zu beachten:

Feiern auch im Regen

Natürlich muss man auch im Sommer mit schlechtem Wetter rechnen. Für diesen Fall sollten die Gastgeber vorsorgen. Schön ist es natürlich, wenn ausreichend Platz für Zelt-Pavillons oder große Sonnenschirme zur Verfügung steht, die man sich im Freundeskreis oder beim Getränkehändler ausleihen kann. Andernfalls sollte man Wohnung oder Haus so vorbereiten, dass man im Fall der Regenfälle einfach und schnell ausweichen kann.

Stimmungsvolles Licht

Auch Gartenpartys leben von einer stimmungsvollen Beleuchtung. Dazu trägt vor allem natürlich wirkendes Licht bei: Windlichter auf den Tischen und Abstellflächen, Laternen oder Lampions in Bäumen oder unter Dachvorständen oder bunte Fackeln in Beeten oder Blumenkästen. Das Büffet allerdings sollte immer ausreichend hell beleuchtet sein.

Kein Stress mit den Nachbarn

Eine Gartenparty ist meist keine leise Veranstaltung – die Nachbarn könnten sich durch ausgelassene Stimmung bis in die tiefe Nacht gestört fühlen. Da es bei solchen Partys meist nicht auf zwei oder vier Gäste mehr oder weniger ankommt, bietet es sich an, die Nachbarn mit einzuladen. Und selbst, wenn diese der Einladung nicht folgen: So sind sie zumindest über das Partyvorhaben informiert.

Eiswürfel hat man nie genug

Auf einer Sommerparty sind kühle Getränke das A und O. Dazu ist es wichtig, rechtzeitig die Getränke kalt zu stellen. Mit Eiswürfeln lassen sich Getränke wie Sekt und Wein – noch dazu optisch reizvoll – auf der Theke oder dem Büfett-Tisch in einer großen Schüssel in Szene setzen. Manche Tankstellen, Supermärkte oder Fastfood-Ketten bieten im Sommer einen Eiswürfel- bzw. Crushed-Eis-Service. Unter Eingabe des jeweiligen Städtenamens und „Eiswürfel" lassen sich solche coolen Händler auch googeln.

Kühlen und Wärmen

Wer sein Büfett im Freien präsentiert, sollte auch an die Kühlung besonders empfindlicher Speisen denken. Platten und Teller lassen sich so beispielsweise auch auf mit gestoßenem Eis gefüllten Backofenblechen oder Tabletts präsentieren. Umgekehrt: Bietet man auch warmes Essen an, sollte man für Warmhaltemöglichkeiten auch im Garten Sorge tragen.

Garten dekorieren

Auch ein Garten lässt sich für die Party fröhlich dekorieren. Einfach und preiswert: Luftballons und Luftschlangen. Und wenn man die Gäste beim Dekorieren mit einbezieht und beispielsweise Ballons aufblasen oder Girlanden aufhängen lässt, ist der erste Partyspaß schon garantiert.

Dekorative Sektkühler

Alte Emaille-Wannen lassen sich hervorragend als Sekt- und Weinkühler umfunktionieren. Mit ein paar Rosenblüten dekoriert, und am Beetrand aufgestellt ziehen sie die Blicke der Gäste auf sich.

Karibische Nächte

Sommerpartys eignen sich hervorragend, unter ein bestimmtes Motto gestellt zu werden: Warum nicht mit einer zart-cremigen, eisgekühlten Piña Colada die Gäste auf einen tropischen Abend einstimmen? Mit einigen kalten Fisch-Kreationen, frisch gegrilltem Lachs und beispielsweise einem Ananas- oder Mango-Dessert lassen sich karibische Gefühle wecken. Dazu gibt's Musik mit den passenden Calypso-, Reggae- oder Merengue-Klängen.

Warme Getränke

In den Abendstunden kühlt es sich oft so ab, dass sich manch einer über ein warmes Getränk freut. Deshalb beim Vorbereiten zumindest auch an Kaffee denken.

Gefüllte Champignons

Zur Sommerparty passen überbackene Champignons mit einer frischen, mediterranen Kräuter-Käse-Füllung gut. Sie schmecken nicht nur frisch aus dem Ofen, sondern auch kalt.

Zutaten: 8 mittelgroße Champignons • 125 g Mozzarella • frisches Basilikum • 1 EL Crème double • Salz • Pfeffer

- Champignons putzen, Stiele herausdrehen und diese fein würfeln.

- Vom Mozzarella 8 gleich große Scheiben zum Abdecken der Pilze zur Seite legen. Den Rest in kleine Würfel schneiden.

- Basilikum waschen, trocken tupfen und fein hacken.

- Gehackte Pilzstiele, Mozzarellawürfel, Basilikum sowie Crème double mischen und mit Salz und Pfeffer abschmecken.

- Masse in die Champignons füllen, mit den Mozzarellascheiben abdecken. Im Backofen bei 200 °C auf der mittleren Schiene etwa 10 bis 15 Minuten backen.

Gurken-Melonensalat

Zutaten: 2 Salatgurken • 1 Honigmelone
Dressing: 1/2 Zitrone • 300 g cremiger Vollmilchjoghurt • Salz • Cayennepfeffer • Zucker • 1 Bund Dill

▬ Die Salatgurken schälen, längs durchschneiden und mit einem Teelöffel die Kerne herauskratzen. Die Gurken dann in Würfel schneiden.

▬ Die Melone in Spalten schneiden, die Kerne entfernen und das Fruchtfleisch von der Schale schneiden. Anschließend würfeln.

▬ Für das Dressing die Zitrone auspressen, den Saft mit dem Joghurt verrühren, reichlich salzen und mit einer Messerspitze Cayennepfeffer und einer Prise Zucker abschmecken.

▬ Dill waschen, fein hacken und unter den Joghurt mischen.

▬ Salat und Dressing vor dem Servieren gut kühlen und das Dressing erst kurz vor dem Servieren über den Salat geben.

Antipasti

Mediterrane Vorspeisen wie würzig eingelegtes Gemüse lassen sich nicht nur recht einfach selbst zubereiten, sondern auch wunderbar vorbereiten. Ihren Geschmack entfalten sie nämlich erst optimal, wenn sie lange mariniert wurden.

Eingelegte Zucchini:

500 g Zucchini waschen, in Scheiben schneiden und in Olivenöl goldbraun braten. Auf Küchenpapier abtropfen lassen. 2 Knoblauchzehen und 1 Bund Basilikum fein hacken, mit den Zucchini schichtweise in eine Schüssel füllen. 1/4 l Weißweinessig mit Salz und Pfeffer aufkochen und heiß über die Zucchini gießen. Über Nacht durchziehen lassen.

Eingelegte Auberginen:

500 g Auberginen in Scheiben schneiden, mit Salz bestreuen, 15 Minuten ziehen lassen, anschließend mit Küchenpapier abtupfen. In Olivenöl goldbraun braten. Aus der Pfanne nehmen und das Bratfett mit 200 ml Weißwein ablöschen. 1 EL Tomatenmark einrühren und etwas einkochen lassen. Mit 1/2 TL Salz, weißem Pfeffer, 1/2 TL Zucker, 2 Msp. gemahlenem Koriander und einem Schuss Weißweinessig würzen. Reichlich frische Kräuter wie Majoran und Oregano hacken und in den Sud geben. Auberginen in eine Schüssel schichten, dabei immer wieder mit dem Sud begießen. Über Nacht ziehen lassen.

Frittiertes Gemüse

Die verschiedensten Gemüsesorten wie Pilze, Zucchini, oder auch Brokkoli kann man in Teig ausbacken – wer keine Fritteuse besitzt, kann auch einen Fonduetopf dazu nehmen. Champignons und andere Pilze werden genau wie Zucchini oder Zwiebeln roh frittiert: Zuvor zieht man sie durch einen Ausbackteig wie durch diesen Bierteig. Zu ausgebackenen Pilzen schmeckt eine Knoblauchmajonäse als Dip besonders gut.

Zutaten: 100 g Mehl • Salz • 150 ml helles Bier • 2 Eier • 500 g gemischtes Gemüse (z.B. kleine Champignons und Zwiebeln) • Fett zum Frittieren

- Für den Ausbackteig Mehl mit etwas Salz mischen und mit dem Bier glattrühren.

- Eier trennen, Eigelb in den Mehlteig rühren und den Teig ruhen lassen. In der Zwischenzeit das Eiweiß steif schlagen, anschließend unter den Teig heben.

- Gemüse säubern, größere Sorten in mundgerechte Stücke zerteilen; Zwiebeln in dicke Ringe schneiden. Die Gemüsestücke durch den Teig ziehen und im heißen Fett goldgelb und knusprig backen.

Gegrilltes Lammkarree

Lammkarrees mit zartem Lavendelaroma sorgen auf der Sommerparty für ein außergewöhnliches Geschmackserlebnis. Etwas größere Karrees mit 4 bis 6 Koteletts lassen sich gut grillen und können anschließend noch geteilt werden.

Zutaten (für 6 große Portionen): 6 Lammkarreestücke mit jeweils 4 bis 5 Koteletts • 2 EL Balsamessig • 3 TL Zitronensaft • 4 EL Olivenöl • 2 Schalotten • 1 EL Lavendelblüten • Salz • Pfeffer • einige Lavendelzweige

- Das Fleisch kurz kalt abspülen und trocken tupfen.

- Aus Essig, Zitronensaft, Öl, den fein gewürfelten Schalotten, Lavendelblüten, Salz und Pfeffer eine Marinade anrühren. Das Fleisch mit der Marinade bestreichen und mindestens 30 Minuten einwirken lassen.

- Das Karree zuerst auf der Knochenseite grillen. Es sollte mehrfach gewendet werden und schließlich kurz am Rand liegen und ruhen.

Tipp: Wenn man während der Ruhezeit des Fleisches noch einige Lavendelzweige in die Glut legt, verbreiten diese beim Verbrennen einen angenehmen Duft.

Gegrillte Babytintenfische

„Kalamarákia“ – so lautet der griechische Name kleiner Tintenfische – im Gegensatz zu ihren großen Verwandten, den „Ochtapódia“. Man kennt die Babytintenfische meist paniert und frittiert, aber auch gegrillt schmecken sie ganz köstlich. Gut sortierte Fischhändler bieten diese Meeresfrüchte frisch an, man erhält sie aber auch in den Tiefkühlfächern vieler Supermärkte. Beim Grillen dürfen die Tintenfische nicht zu viel Hitze bekommen, da sie ansonsten sehr leicht zu zäh werden.

Zutaten: 500 g Babytintenfische (ggf. tiefgekühlt) • 1 Zitrone • grobes Meersalz

- Die Tintenfische waschen und abtropfen bzw. mit Küchenpapier trocken tupfen und in eine Schüssel geben.

- Die Zitrone auspressen und den Saft über die Tintenfische träufeln. Ein wenig Meersalz darüber mahlen, später kann jeder Gast nach individuellem Geschmack noch einmal nachsalzen.

- Die Kalamarákia auf dem nicht zu heißen Grill oder am Rande des Grillrostes etwa 5 Minuten braten und dabei öfter wenden.

Empanadas mit Hack

Zutaten (für ca. 20 Stück): Teig: 250 g Mehl • 1 TL Backpulver • 1/2 TL Salz • 4 EL Olivenöl • 2 EL trockener Sherry • 150 ml warmes Wasser
Füllung: 1 Zwiebel • 2 Knoblauchzehen • 2 EL Olivenöl • 150 g Champignons • 300 g gemischtes Hackfleisch • 50 g Rosinen • 3 EL Pinienkerne • 1 Ei • Salz • Pfeffer • 2 Msp. Kreuzkümmel • 1 Eigelb • 2 EL Milch

Mehl und Backpulver vermischen und mit Salz, Öl, Sherry und Wasser zu einem geschmeidigen Teig verkneten.

Für die Füllung Zwiebel und Knoblauch häuten, sehr fein hacken und in Olivenöl andünsten. Pilze putzen, sehr fein würfeln, zu den Zwiebeln geben und so lange dünsten, bis alle Flüssigkeit verdampft ist.

Die Masse mit Hackfleisch, Rosinen, Pinienkernen sowie dem Ei vermischen. Mit Salz, Pfeffer und Kreuzkümmel würzen.

Teig dünn ausrollen und 20 Kreise von jeweils 10 cm Durchmesser ausstechen. In die Mitte jedes Kreises einen Löffel Füllung geben, den Teig zusammenklappen und die Ränder mit einer Gabel zusammendrücken.

▬ Die Empanadas auf ein mit Backpapier ausgelegtes Backblech setzen. Eigelb mit Milch verquirlen und die Teigtaschen damit bestreichen.

▬ Im vorgeheizten Ofen bei 200 °C in etwa 25 Minuten goldbraun backen.

Kalte Melonensuppe

Zutaten: 2 kg Wassermelone • 400 g Himbeeren (TK) • 200 ml roter Portwein • 4 Blatt rote Gelatine • 2 unbehandelte Limetten • 2 EL gewürfelter kandierter Ingwer • 1 Honigmelone

- Wassermelone in Spalten schneiden, schälen und entkernen. Dabei den Saft auffangen. Die Melone würfeln und mit den Himbeeren pürieren. Den Portwein hinzugeben.

- Die Gelatine 10 Minuten in kaltem Wasser einweichen.

- Limetten heiß abwaschen, trocknen, mit einem Zestenreißer die grüne Schale dünn abhobeln. Die Früchte anschließend auspressen. Die Zesten im Limettensaft erhitzen und 5 Minuten ziehen lassen. Anschließend etwas abkühlen und dann die ausgedrückte Gelatine im Saft auflösen. Mit einem Schneebesen unter die Melonenmasse rühren. Die Ingwerwürfel hinzugeben und dann die Suppe kalt stellen.

- Aus der Honigmelone mit einem Kugelausstecher kleine Kugeln auslösen. Alternativ das Fruchtfleisch in gleichmäßige kleine Würfel schneiden. Die Fruchtstücke in die gut gekühlte Melonensuppe geben.

Kartoffel-Tortilla

Zutaten: 600 g Kartoffeln • 1 Zwiebel • 1 Knoblauchzehe • 3 EL Olivenöl • 6 Eier • Salz • Pfeffer

- Kartoffeln schälen, waschen und in dünne Scheiben schneiden. Auf Küchenpapier legen und die Flüssigkeit abtupfen.

- Zwiebel schälen und in sehr feine Würfel schneiden. Knoblauchzehe häuten und längs halbieren.

- Eine Pfanne mit den Knoblauchhälften ausreiben, Olivenöl erwärmen. Kartoffelscheiben und Zwiebelwürfel in die Pfanne geben und etwa 8 Minuten bei mittlerer Hitze anbraten; zwischendurch wenden.

- Eier mit Salz und Pfeffer kräftig verquirlen. Die Kartoffeln gleichmäßig in der Pfanne verteilen und die Eier darüber gießen. Den Deckel auf die Pfanne setzen und die Tortilla 15 Minuten garen, bis die Kartoffeln weich und die Eier gestockt sind.

- Tortilla auf einen großen Teller gleiten und abkühlen lassen. Dann in kleine, etwa 2 bis 3 cm große Würfel schneiden.

Zitronen-Sorbet

Ein leichtes Sorbet ist an heißen Sommertagen eine erfrischende Überraschung auf jeder Party. Egal, aus welchen Früchten man es zubereitet, die Zubereitungsart ist immer gleich: Zunächst wird ein Fruchtsirup hergestellt, dieser muss dann – am besten über Nacht – gut durchkühlen, bevor er zu Sorbet gefroren wird. Hier wird ein Klassiker, das Zitronensorbet, mit Aprikosenpüree getoppt.

Zutaten: 12–14 Zitronen • 300 g Zucker • 1 l Prosecco • 1 Pfund Aprikosen • 2 EL Puderzucker

Aus den Zitronen 600 ml Saft pressen. In einem Topf erhitzen, den Zucker zufügen und sirupartig einkochen lassen. Abkühlen und anschließend im Kühlschrank mehrere Stunden gut durchkühlen lassen. Sirup mit Prosecco mischen und – am besten in einer Metallschüssel – in den Gefrierschrank stellen. Die Masse 4 bis 5 Stunden gefrieren lassen, dabei etwa alle halbe Stunde mit einem Schneebesen kräftig umrühren.

Für das Fruchtpüree die Aprikosen mit kochendem Wasser überbrühen und die Haut abziehen. Mit einem Spritzer Zitronensaft und Puderzucker pürieren. Sorbet auf Gläser verteilen, jeweils etwas Fruchtmus daraufgeben.

Winter-Partys

Fröhlicher Indoor-Spaß

Die kalte Jahreszeit zelebrieren

So schön es ist, an lauen Abenden draußen zu feiern: Leider lassen die Jahreszeiten Sommerpartys eben nur im Sommer zu. Aber auch, wenn es draußen stürmt und schneit, steht einer gelungenen Party natürlich nichts im Wege. Ganz im Gegenteil: Indoor-Partys während der kalten Jahreszeit haben ihre ganz eigenen Vorzüge.

So geht es meist viel enger zu, man ist näher beieinander und mehr in Kontakt. Die Küche mit dem Büffet entwickelt sich oft zu einem Ort intensiver Kontakte und Gespräche. Apropos Büffet: Das jahreszeitliche Angebot bereichert die Rezeptauswahl um viele Obst- und Gemüsearten, die im Sommer nicht zur Verfügung stehen. Und: Wer wärmt sich nicht gerne an kalten Tagen mit so typischen und leckeren Getränken wie Glühwein oder Punsch? Man sieht: Partys sind auf vieles angewiesen, aber nicht auf gutes Wetter!

Top-Tipps: Winterparty

Den leuchtenden Herbst ins Haus holen

Besonders der Herbst mit seiner Erntepracht und den warmen Laubfarben eignet sich für eine stimmungsvolle Indoor-Party. Hagebutten- und Ilexzweige oder Sträuße von verschiedenen Nussbäumen finden sich beim Herbstspaziergang in den nahe gelegenen Wäldern und schmücken, großzügig in Vasen dekoriert, den Party-Bereich. Große gläserne Windlichter mit brennenden Altarkerzen geben dem Raum eine festlich-warme Atmosphäre. Kerzen in jeglicher

Form – das darf auch ein buntes Sammelsurium sein – verfehlen, dicht nebeneinander aufgestellt, ihre wärmende Wirkung nicht.

Heiße Rhythmen gegen kühle Stimmung

Gegen die Kälte draußen ist heiße Musik drinnen genau das richtige Mittel. Winterpartys sind also genau der perfekte Zeitpunkt, um sich auf der Tanzfläche richtig auszutoben. Aber Achtung: Vorher die Nachbarn informieren, vor allem in Mehrfamilienhäusern, sonst sind Probleme wegen lauter Musik vorprogrammiert.

Gemüse der Saison

Auch die Auswahl der Speisen sollte der Jahreszeit entsprechen. Die Gäste freuen sich über Herbst- oder Winterklassiker, die oft – in den von schnelllebigen Trends geprägten Zeiten – schon in Vergessenheit geraten sind. Ein Bummel über den Wochenmarkt bietet viele Anregungen für die Partyrezepte. So bieten sich frisch geerntete Pfifferlinge für eine Pilzsuppe, Kartoffeln für

ein knuspriges Gratin oder Äpfel und Lauch für eine duftende Gemüsekombination an. Sie können sogar das kulinarische Thema des Abends liefern.

Kräftiges

Zu deftigen Speisen passen kräftige Getränkepartner. Ausdrucksstarke rote Weine oder würzige Biere schenken besonders bei niedrigen Außentemperaturen die nötige innere Wärme. Besondere Biersorten von kleinen Brauereien gibt es manchmal auch in originellen Flaschen. Unschlagbar zum Aufwärmen sind natürlich Glühwein, Punsch und Co., also die klassischen Wintergetränke. Sie können auch ohne Alkohol die Herzen der Gäste erwärmen, wie beispielsweise ein Beeren-Teepunsch (siehe S. 150).

Draußen feiern

Warum nicht dem Winter mit einer zünftigen Party im Freien trotzen? Was auf dem Weihnachtsmarkt oder an allen Après-Ski-Ständen funktioniert, gelingt auch zu Hause im Garten oder auf der Terrasse! Einfach den Holzkohlegrill anzünden – Rostbratwürste liefert der Metzger auch im Winter – einen großen Topf mit Glühwein oder Punsch auf dem Gaskocher erhitzen und los geht's! Mit brennenden Fackeln, Lampions und Laternen sowie Windlichtern wird's richtig gemütlich. Wichtig: Vorher die Gäste über die Draußen-Party informieren, damit sie sich entsprechend warm anziehen.

Saisonale Motto-Partys

Während der Herbst- und Winterzeit ist der Kalender gespickt mit traditionellen Festen. Von Halloween über St. Nikolaus bis hin zu Karneval bietet sich eine ganze Reihe von Anlässen, zu einer so traditonsbewussten wie spaßigen Motto-Party einzuladen (siehe auch S. 176).

Viele dieser Feste sind zugleich eng mit bestimmten Gerichten oder Spezialitäten verbunden wie Halloween mit dem Kürbis oder St. Nikolaus mit süßem Gebäck. Diese Traditionen liefern gute Ideen für die Büffetauswahl. Hinzu kommen zum Teil auch tradierte Getränkerezepte wie zünftiger Punsch.

Speckhörnchen

Zutaten (für 16 Hörnchen): 2 kleine Zwiebeln • 150 g durchwachsener Speck • 20 g Butter • 2 Knoblauchzehen • 1/2 Bd. Petersilie • Salz • Pfeffer • Paprikapulver • 2 Portionen Pizzateig (TK, rund) • 1 Ei • 1 EL Milch • 1/2 Tasse Sesam

Zwiebeln schälen und fein würfeln. Speck ebenfalls würfeln und in einer heißen Pfanne auslassen. Butter und Zwiebeln hinzufügen und glasig dünsten.

Knoblauch häuten und pressen, Petersilie waschen und hacken. Beides mit in die Pfanne geben und andünsten. Alles mit Salz, Pfeffer und Paprika würzen.

Tiefgekühlten Teig auftauen lassen, ausrollen und wie eine Torte jeweils in acht Stücke teilen. Das Ei trennen und die Teigränder mit Eiweiß bepinseln. Dann jeweils einen kleinen Klecks Speck-Zwiebelmischung auf die Mitte der Teigstücke geben und etwas verteilen.

Die Teigdreiecke von der breiten Seite her so aufrollen, dass nach Möglichkeit keine Füllung herausquillt. Auf ein mit Backpapier belegtes Backblech setzen und dabei zu Hörnchen biegen.

Das Eigelb mit Milch verquirlen und die Hörnchen damit bepinseln. Mit Sesam bestreuen. Im vorgeheizten Backofen auf der mittleren Schiene bei 250 °C 15 bis 20 Minuten goldbraun backen. Heiß oder lauwarm servieren.

Paprika-Rahmsuppe

Diese Suppe kann gut vorbereitet werden – vor dem Servieren wird sie nur noch einmal erhitzt, mit Crème fraîche verfeinert und mit frischen Schnittlauchröllchen abgerundet.

Zutaten: 500 g Zwiebeln • $1^{1}/_{2}$ kg rote Paprika • 150 g durchwachsener Speck • 3 EL ÖL • 1 Tube Paprikamark • 2 EL edelsüßes Paprikapulver • 3 l Rinderbrühe • Salz • Cayennepfeffer • 2 TL Zucker • 1 EL Zitronensaft • 2 Dosen Mais (à 285 g Einwaage) • 400 g Crème fraîche • 2 Bund Schnittlauch

▬ Zwiebeln schälen und würfeln. Die Paprikaschoten waschen, putzen, in Stücke schneiden. Den Speck würfeln.

▬ Speck in einem hohen Topf in heißem Öl anbraten, die Zwiebeln zugeben und glasig dünsten. Paprikastücke dazugeben, ebenfalls andünsten. Paprikamark und Paprikapulver unterrühren, die heiße Brühe angießen und alles zugedeckt eine halbe Stunde köcheln lassen.

▬ Suppe pürieren und mit Salz, Pfeffer, Zucker und Zitronensaft abschmecken. Abgetropften Mais hinzufügen. Vor dem Servieren Crème fraîche unterrühren; Schnittlauch in feine Röllchen schneiden und über die Suppe streuen.

Rote-Bete-Rohkost

Beim Schälen von Rote Bete empfiehlt sich das Tragen von Gummihandschuhen, da die Knollen extrem stark abfärben.

Zutaten: 600 g frische Rote Bete • 3 Möhren • 2 säuerliche Äpfel • 2 Bund Schnittlauch • 50 g Walnusskerne
Dressing: 3 EL roter Balsamessig • Salz • Pfeffer • 3 EL Sonnenblumenöl • 2 EL Walnussöl

- Rote Bete, Möhren und Äpfel schälen und fein raspeln.

- Für das Dressing Essig, Salz und Pfeffer verrühren, das Öl hinzugeben und mit dem Schneebesen aufschlagen.

- Schnittlauch waschen und in feine Röllchen schneiden, Nüsse hacken, beides zur Rohkost geben.

- Das Dressing über die Rohkost geben und mindestens 30 Minuten durchziehen lassen. Anschließend noch einmal mit Salz und eventuell weiterem Essig abschmecken.

Tipp: Alternativ zum Walnussöl kann man auch Traubenkernöl verwenden. Dazu passen dann Sonnenblumenkerne statt der Walnüsse.

Hackbraten

Zutaten: 1 kg gemischtes Hackfleisch • 75 g Schinkenspeck • 2 Zwiebeln • 200 g Möhren • 200 g Petersilienwurzeln • 4 Zweige Thymian (oder 3 TL getrockneter) • 40 g Butter • 1 Bund Petersilie • $1^{1}/_{2}$ Brötchen vom Vortag • 2 Eier • 4 EL Senf • 1 TL Salz • Pfeffer • Fett für die Form

▬ Schinkenspeck fein würfeln. Zwiebeln, Möhren und Petersilienwurzeln putzen und ebenfalls fein würfeln. Den Thymian waschen, die Blättchen von den Stielen zupfen.

▬ Butter in einer Pfanne auslassen, Zwiebeln darin glasig dünsten. Gemüsewürfelchen und Thymian hinzugeben und 1 Minute mitdünsten.

▬ Petersilie waschen und fein hacken.

▬ Brötchen in kleine Würfel schneiden und in einer großen Schüssel mit Eiern und Senf vermengen. Hackfleisch, Schinkenspeck, Gemüsewürfel, Petersilie und Gewürze dazugeben geben und alles gründlich durchmischen.

▬ Eine Kastenform einfetten und den Teig hineinfüllen. Bei 200 °C etwa 40 Minuten im Ofen garen. Anschließend 5 Minuten ruhen lassen, dann stürzen.

Kartoffelgratin

Der Käse ist hier das Tüpfelchen auf dem i: Der Schweizer Rohmilchkäse aus der Gruyère-Region ist bekannt für seinen charakteristischen fruchtig-kräftigen Geschmack. Er verleiht dem Gratin eine wunderbare Würze.

Zutaten: 1 kg Kartoffeln • Butter für die Form • Salz • Pfeffer • Muskat • 100 g Gruyère-Käse • 1/8 l Milch • 2 Eier

- Kartoffeln schälen, waschen und in dünne Scheiben schneiden. Tarte-Form mit Butter einfetten.

- Die Kartoffeln dachziegelartig in die Form schichten. Mit Salz, Pfeffer und frischer Muskatnuss würzen.

- Den Käse reiben und über die Kartoffeln streuen.

- Milch und Eier gut miteinander verquirlen und gleichmäßig über die Kartoffeln gießen.

- Gratin im vorgeheizten Backofen bei 200 °C Umluft auf der mittleren Schiene zunächst 30 Minuten backen. Dann komplett mit Alufolie abdecken und weitere 15 Minuten garen.

Kartoffel-Gemüse-Bällchen

Zutaten: 500 g mehlig kochende Kartoffeln • 300 ml Milch • 25 g Butter • 4 Frühlingszwiebeln • 50 g geräucherter Schinken • 75 g Gouda • 3 Eier • 50 g Mehl • 50 g Erbsen (TK) • Salz • Pfeffer • 125 g Paniermehl • Frittieröl

Kartoffeln schälen, würfeln und mit der Milch in einem Topf aufkochen. Dann bei geringer Hitze weich garen. Butter hinzufügen und die Kartoffeln zerstampfen.

Frühlingszwiebeln putzen, waschen und sehr fein hacken. Schinken und Käse in kleine Würfel schneiden.

1 Ei und das Mehl unter den Kartoffelbrei rühren, dann Schinken, Käse, Zwiebeln und Erbsen hinzugeben. Mit Salz und Pfeffer würzen.

2 Eier in einer Schüssel verquirlen. Das Paniermehl in eine weitere Schüssel geben. Die Kartoffelmasse zu kleinen Klößchen formen, durch das Ei ziehen und anschließend im Paniermehl wenden.

Öl auf 180 °C erhitzen und die Kartoffel-Bällchen 5 Minuten frittieren. Die fertigen Bällchen auf Küchenpapier abtropfen lassen.

Lauch-Apfel-Gemüse

Lauch ist ein typisches Wintergemüse und harmoniert überraschend gut mit dem fruchtigen Aroma von Äpfeln. Besonders empfehlen sich säuerliche Apfelsorten wie Elstar oder Cox Orange.

Zutaten: 1 kg Lauch • 1 kg säuerliche Äpfel (z.B. Cox Orange) • 3 EL Butter • Salz • Pfeffer • 1 Msp. Kreuzkümmel • $^1/_8$ l Hühnerbrühe (instant) • 3 EL Kürbiskerne

- Die Lauchstangen putzen und dann längs einschneiden, sodass die Blätter auch von innen unter fließendem Wasser gewaschen werden können. Anschließend schräg in 2 bis 3 cm breite Stücke schneiden.

- Äpfel schälen, vierteln, entkernen und in dünne Spalten schneiden.

- Butter in einer hohen Pfanne erhitzen, die Lauch- und Apfelstücke darin andünsten. Mit Salz, Pfeffer und Kreuzkümmel abschmecken. Heiße Brühe angießen und das Gemüse ohne Deckel einige Minuten köcheln lassen.

- In der Zwischenzeit in einem Pfännchen die Kürbiskerne anrösten und anschließend über das Gemüse streuen.

Apfel-Pflaumen-Traum

Zutaten: 750 g Äpfel • 750 g Pflaumen • 1/8 l Apfelsaft • 150 g Zucker • 1 TL Zimt • 1 TL abgeriebene Zitronenschale • 150 g Zwieback • 100 g Walnusskerne • 500 g Quark (40 %) • 300 g Sahnejoghurt • 300 ml Schlagsahne • 2 Pck. Vanillezucker • 100 g Zucker

Die Äpfel schälen, vierteln, entkernen und in Spalten schneiden. Die Pflaumen waschen, halbieren, entkernen, die Hälften durchschneiden. Mit Apfelsaft, Zucker, Zimt und Zitronenschale in einem Topf aufkochen und unter gelegentlichem Rühren 10–15 Minuten zugedeckt dünsten. Die Flüssigkeit abgießen und den Kompott kaltstellen.

Zwieback in einen Gefrierbeutel füllen und mit Hilfe eines Nudelholzes fein zerbröseln. Mit den gehackten Walnüssen mischen.

Quark und Joghurt verrühren. Sahne mit Vanillezucker und Zucker steif schlagen und unter die Quarkmischung ziehen.

In einer großen Glasschüssel oder in bauchigen Portions-Weingläsern das Kompott, die Zwieback-Nuss-Mischung und die Quarkcreme abwechselnd schichten.

Beeren-Teepunsch

Dieser alkoholfreie Punsch besticht durch sein leichtes Zitrusaroma. Es wird durch Earl-Grey-Tee unterstützt, der mit der Zitrusfrucht Bergamotte aromatisiert ist. Statt frischer Orangenschale kann man auch getrocknete verwenden.

Zutaten: 2 unbehandelte Orangen • 400 g TK-Waldbeeren • ca. 6 Saftorangen (für $^{1}/_{2}$ l frischen Orangensaft) • $^{3}/_{4}$ l roter Traubensaft • 1 EL Zitronensaft • 4 EL Honig • 4 EL Earl-Grey-Tee (oder 6 Beutel) •

– 1 Orange heiß abwaschen, trocknen und die Schale mit einem Zestenreißer abhobeln. Dann beide Orangen schälen und die Filets mit einem scharfen Messer herauslösen. Den Saft dabei auffangen.

– Waldbeeren auftauen. Saftorangen auspressen – es wird etwa $^{1}/_{2}$ Liter Saft benötigt. Orangen- und Traubensaft mit 1 EL Zitronensaft und Honig erhitzen. Die Beeren und die Orangenfilets in die heiße Flüssigkeit geben.

– Zwischenzeitlich den Tee in $1^{1}/_{2}$ l Wasser aufbrühen und 10 Minuten ziehen lassen, anschließend abseihen. Zusammen mit dem Fruchtsaft in ein hitzebeständiges Gefäß füllen. Den Punsch am besten in Tassen anbieten.

Cocktail-Partys

Stilvoll feiern

Festlich, aber doch locker

Es gibt viele Anlässe, für die man sich eher ein etwas festlicheres, aber trotzdem ungezwungenes Ambiente wünscht: die Beförderung, ein besonderes Jubiläum oder auch ein runder Geburtstag. Dann ist eine Cocktail-Party die beste Feier-Alternative.

Längst steht der Begriff dabei nicht mehr nur für Partys, auf denen Mix-Getränke im Mittelpunkt stehen. Vielmehr sind Cocktail-Partys der Inbegriff für kleine feine Events in stilvollem Rahmen. Und für Partys, bei denen man nicht nur mit Freunden feiert, sondern beispielsweise auch mit Arbeitskollegen, Nachbarn oder gar dem Chef. Dementsprechend sollte alles etwas mehr Niveau zeigen: angefangen vom Dresscode über die Dekoration bis hin zum Catering. So dürfen es hier ruhig einmal auch feinere Rezepte mit edleren Zutaten und auch ein Glas guter Rotwein sein. Dies bedeutet aber nicht, dass deshalb die Stimmung zu kurz kommt, oder der Geldbeutel überstrapaziert werden muss.

Die besten Tipps: Cocktail-Party

Cocktail-Partys sind keine Feten, sondern stilvolle Events. Und so unterscheidet sich die Vorbereitung in einigen Punkten wesentlich von anderen Partys.

Stilvolle Einladung

Cocktail-Partys feiert man nicht auf Zuruf. Vielmehr lädt man die Gäste schriftlich ein, am besten mit einer Karte und nicht per Mail. So macht man deutlich, dass man eben nicht eine lockere Fete, sondern eine stilvolle Party feiern möchte. Zugleich stellt man sicher, dass die Gäste sich auch dem Anlass entsprechend gut kleiden.

Kommunikation fördern

Cocktailpartys sind Orte angeregter Kommunikation, bei denen man nicht den ganzen Abend fest in kleiner Runde zusammensitzt, sondern sich gerne mit vielen unterschiedlichen Menschen unterhalten möchte. Deshalb sind Stehpartys hier erste Wahl. Am besten leiht man sich ein paar Stehtische und bietet nur wenige Sitzgelegenheiten an, die man im Raum verteilt. So verhindert man von Anfang an, dass sich feste, unbewegliche Gästegrüppchen bilden.

Kleine Fingerfood-Snacks

Für das Catering eignet sich besonders gut Fingerfood – kleine Häppchen also, die sich gut aus der Hand essen lassen und für deren Genuss man nicht am Tisch sitzen muss. Klassiker sind z.B. Canapés oder Spieße. Doch auch kleine Salate – in handlichen Mini-Gläsern oder kleinen Schüsselchen angerichtet – können sehr gut im Stehen gegessen werden und sehen noch dazu sehr attraktiv aus. Hier lässt sich gut improvisieren: Untersetzer von Kaffeetassen oder kleine Teelicht-Glasgefäße eignen sich auch zum Anrichten kleiner Party-Portionen.

Dezente Musik

Bei der netten Plauscherei mit dem Gegenüber stören laute Töne aus dröhnenden Boxen. Keinem Gast macht es Spaß, gegen einen zu hohen Lärmpegel anzuschreien. Deshalb setzt man eher auf dezente aber stilvolle Musik, die eine coole Atmosphäre schafft. Perfekt geeignet sind Jazz-Klassiker oder Lounge-Sounds.

Stilvolle Deko

Für die Dekoration solcher Events gilt: Weniger ist mehr. Den ganzen Raum mit bunten Lampions, haufenweise Blumen oder Dekoartikeln zu gestalten, entspricht nicht der gewünschten Atmosphäre. Am besten bemüht man sich um schlichte Eleganz: ein paar Kerzen in stilvollen Leuchtern, einige wenige Blumen in ansprechenden Glasgefäßen und schöne Trink- und Essgefäße – das reicht.

Cocktail-Karte

Wenn man ausdrücklich zur Cocktail-Party lädt, sollte man natürlich auch entsprechende Drinks anbieten können. Dabei macht es allerdings keinen Sinn, einer Profi-Bar Konkurrenz machen zu wollen, vor allem nicht im Hinblick auf die Auswahl. Am besten beschränkt man sich auf wenige Cocktails, die man in einer eigens für die Party zusammengestellten Karte offeriert.

Die Auswahl der Drinks sollte die wichtigsten Geschmacksrichtungen beinhalten: von herb über frisch und fruchtig bis hin zu süß. Empfehlenswert ist, sich auf zwei oder drei Basis-Alkoholika wie Wodka, Gin oder Whiskey zu beschränken; das hält die Kosten gering.

Grundsätzlich sollte man nur Cocktails anbieten, deren Zubereitung man auch beherrscht – also am besten vorher Probe-Mixen. Die Zubereitung benötigt Platz und ist häufig arbeitsintensiv. Wenn man nicht den ganzen Abend mit Mixen und Shaken beschäftigt sein möchte, sollte man sich also im Vorfeld Helfer suchen, die dann an einem klar definierten „Arbeitsplatz" – z.B. einem bestimmten Bereich der Küche – aktiv werden. Außerdem ist ein großer Eisvorrat erforderlich.

Krabbencocktail

Der Krabbencocktail zählt zu den Klassikern auf feinen Büffets und Cocktail-Partys. Auch bei kleinen Empfängen für Kollegen oder Geschäftsfreunde liegt man damit immer richtig, vor allem, wenn man diesen Salat in kleinen Gläschen serviert.

Die Qualität der Krabben spielt eine große Rolle, vor allem, wenn der Salat ohne weitere Zutaten – wie beispielsweise Früchte – zubereitet wird. Mit frischen Krabben schmeckt solch ein Cocktail in der Regel besonders aromatisch. Verwendet man tiefgekühlte Tiefseekrabben, müssen diese nach dem Auftauen gut abgetropft, bzw. ausgedrückt werden.

Zutaten:

450 g Krabben • 1 Orange • 6 EL Salatcreme • Salz • Zucker • 1 EL Ketchup • 1 EL Weinbrand • Cayennepfeffer • Rote-Bete-Sprossen

Orange auspressen und den Saft in einem kleinen Topf aufkochen und einreduzieren lassen. 1 EL Saft mit Salatcreme, etwas Salz, einer Prise Zucker, Ketchup und Weinbrand verrühren. Mit Cayennepfeffer abschmecken und die Krabben untermischen. In kleinen Gläsern anrichten und mit jeweils ein paar Rote-Bete-Sprossen dekorieren.

Canapés

Vor allem auf Partys im Büro oder Stehempfängen sind Canapés besonders beliebt – und das nicht nur, weil man sie praktisch aus der Hand essen kann. Auch ihre Vielfalt zeichnet sie aus – vom zarten Weißbrot über deftiges Körnerbrot bis hin zu knusprigem Weißbrot reichen die Brotsorten, die abwechslungsreich belegt werden können – mit Fisch oder Fleisch, Käse oder Kaviar.

Lachs & Kaviar: Hochwertiger, echter Kaviar vom Stör ist für die meisten kaum bezahlbar – allein für 50 g Beluga-Kaviar muss man mehrere Hundert Euro berappen. Für die kleine Krönung eines Canapés ist Lachs- oder Forellen-Rogen die preisgünstigere Wahl. In Kombination mit Räucher- oder Graved-Lachs und einer sahnigen Creme, z.B. mit zarter Meerrettich- oder Dill-Note stellen sie durchaus köstliche Alternativen dar.

Roastbeef & Braten: Edler Bratenaufschnitt auf frischem Baguette, garniert mit zarten Gemüsen oder frischen Früchten ist ebenfalls eine beliebte Variante für Canapés. Hier wird zunächst gern eine würzige Remoulade auf das Brot gestrichen, die das Aroma abrundet. Helle Fleischsorten wie Geflügel harmonieren gut mit hellem Brot, bei dunklerem Fleisch darf auch das Brot kräftiger sein.

Lachsröllchen

Diese Röllchen sehen sehr dekorativ aus und sind recht einfach zuzubereiten – dünne Pfannkuchen werden mit einer sahnigen Creme bestrichen, mit Lachsscheiben belegt, aufgerollt und in kleine Happen geschnitten.

Zutaten (für ca. 15 Stück):

Pfannkuchen: 80 g Mehl • Salz • 1 Ei • 100 ml Milch • $^{1}/_{2}$ Bund Dill • Butter

Füllung: 4 EL Crème fraîche • etwas Zitronensaft • Salz • Pfeffer • 6–8 Scheiben Räucherlachs

Für die Pfannkuchen Mehl und Salz in einer Schüssel vermischen. Ei und Milch unter Rühren hinzufügen und so lange rühren bis ein glatter Teig entstanden ist. Dill hacken und 1 EL davon unter den Teig rühren. Den Teig dann 30 Minuten ruhen lassen, damit das Mehl ausquellen kann.

Für die Füllung Crème fraîche mit einem Spritzer Zitronensaft, Salz und Pfeffer verrühren.

Butter in einer Pfanne erhitzen, 3 dünne Pfannkuchen backen und abkühlen lassen. Sehr dünn mit Crème fraîche bestreichen und mit Lachsscheiben belegen. Anschließend aufwickeln und jeden Pfannkuchen mit einem scharfen Messer in fünf Stücke schneiden.

Matjes auf Kartoffelsalat

Zutaten: 1 kleine Zwiebel • 4 Pimentkörner • 4 Pfefferkörner • $^{1}/_{2}$ Kugel (10 g) kandierter Ingwer • 1 Limette • 100 ml trockener Sherry • 4 Matjesfilets
Kartoffelsalat: 600 g festkochende Kartoffeln • 200 g Möhren • 1 Schalotte • je 1 EL gehackte Petersilie, Schnittlauch • 3 EL Estragonessig • 8 EL Rapsöl • Salz • Pfeffer • Zucker • Radicchioblätter zum Anrichten

Für die Marinade die Zwiebel in dünne Scheiben schneiden, Piment- und Pfefferkörner zerstoßen, Ingwer fein würfeln. Limette heiß abwaschen und etwas Schale abreiben. Alles mit dem Sherry verrühren und die Matjesfilets darin 24 Stunden marinieren. Abtropfen lassen und in Streifen schneiden.

Für den Kartoffelsalat die Kartoffeln schälen, kochen, abkühlen lassen und in Würfel schneiden. Möhren ebenfalls garen und würfeln. Die Schalotte fein würfeln. Die Zutaten mit den gehackten Kräutern vermischen.

Für das Dressing Essig, Öl, wenig Salz, Pfeffer und eine Prise Zucker vermischen und über den Salat geben. Den Salat in kleinen Portionen z.B. auf Radicchioblättern anrichten und jeweils einige Matjesstreifen darauflegen.

Marinierte Pilze

Die Champignons entwickeln ihr Aroma in der Marinade und können ausgezeichnet auch schon einige Tage vor einer Party vorbereitet werden. Damit die Pilze beim Braten kein Wasser verlieren, sollte man sie in kleinen Portionen in heißem Fett braten.

Zutaten: 600 g Champignons • 2 Knoblauchzehen • 1/2 Chilischote • 1/2 Bund Petersilie • Olivenöl • Salz • Pfeffer • 1 Zitrone • 5 EL weißer Balsamessig • Schnittlauch

▬ Champignons putzen, größere Pilze in Stücke schneiden. Knoblauch häuten und fein würfeln, Chilischote ebenfalls fein würfeln. Petersilie waschen und hacken.

▬ Öl in einer Pfanne erhitzen und die Pilze darin portionsweise jeweils etwa 3 Minuten braten. Anschließend salzen, pfeffern, Knoblauch, Chili und Petersilie hinzugeben.

▬ Die Zitrone auspressen und mit Essig und Olivenöl aufmixen. Die Pilze in ein Gefäß füllen, mit der Marinade übergießen und mit Folie abgedeckt in den Kühlschrank stellen. Am besten lässt man die marinierten Pilze dort mindestens einen Tag durchziehen. Vor dem Servieren nach Belieben mit Schnittlauch garnieren.

Caesar's Salad

Vom Erfinder dieses Salats, Caesar Cardini, erzählt man, er habe einige Reste verwertet, als er für viele Überraschungsbesucher seines Restaurants einen leckeren Salat „zaubern" musste. Inzwischen gibt es den Ceasar's Salad in zahlreichen Varianten, doch bei aller Vielfalt: Parmesan und Croutons sollten nie fehlen.

Zutaten: 1 große Hähnchenbrust ohne Haut • Olivenöl • Salz • Pfeffer • 2 Scheiben altes Toastbrot • 4 Romana-Salatherzen • 2 Tomaten • 80 g Salatcreme • Zitronensaft • frisch geriebener Parmesan

Hähnchenfilets kalt abspülen, trockentupfen, in Scheiben schneiden und in heißem Olivenöl braten. Salzen und pfeffern, aus der Pfanne nehmen und abkühlen lassen. Den Toast entrinden, in kleine Würfel schneiden und im Hähnchenfett knusprig braten.

Salat waschen, trockenschleudern und in Stücke zupfen, Tomaten waschen und würfeln. Aus Salatcreme, etwas Zitronensaft, Salz und Pfeffer ein Dressing rühren und mit dem Salat vermischen. Parmesankäse darüber reiben. Hähnchenfleisch in Streifen schneiden und mit den Croutons auf dem Salat anrichten.

Gefüllte Schnitzel

Kleine gefüllte Schnitzel sind schnell zuzubereiten, die Füllung kann man nach eigenem Gusto variieren. Hier eine bunte und würzige Gemüsefüllung, die vorher gedünstet wird. Bleibt von der Gemüsemischung etwas übrig, so kann man die Schnitzel darauf anrichten.

Zutaten (für 12 Minischnitzel):

• 3 dünne Schweineschnitzel • $^{1}/_{2}$ Lauchstange • 1 mittelgroße Möhre • 200 g Champignons • Öl zum Braten • 4 cl trockener Sherry • Salz • Pfeffer • Worcestersauce • Holzspießchen

▬ Die Lauchstange waschen, putzen und in feine Ringe schneiden. Möhre schälen und sehr fein würfeln, Champignons putzen und klein stückeln. Öl in einer Pfanne erhitzen, Lauch und Möhre darin anbraten, nach 2 Minuten die Pilze dazugeben und alles 2 bis 3 Minuten braten. Mit Sherry, Salz, Pfeffer und einem Schuss Worcestersauce würzen und vom Herd nehmen.

▬ Schnitzel kalt abspülen, trockentupfen und in jeweils vier Stücke teilen. Etwas Füllung auf jedes Fleischstück geben, zusammenklappen und mit einem kleinen Holzspießchen feststecken. Von beiden Seiten goldbraun braten und heiß servieren.

Crème brûlée

Das besondere an dieser Creme ist ihre gebrannte Karamellkruste. Sie gelingt am besten mit einem kleinen Brenner, alternativ unter dem Grill. Stilecht bereitet man eine Crème brûlée in kleinen Auflaufförmchen zu, man kann aber auch kleine feuerfeste Tassen verwenden. Diese sollten jedoch nicht zu hoch mit der Eiermilch gefüllt werden.

Zutaten: Butter • 1 Vanilleschote • 500 ml Milch • 500 ml Sahne • 8 Eigelb • 150 g Zucker

▬ Backofen auf 150 °C vorheizen, 12 kleine Auflaufförmchen mit Butter einfetten. Vanilleschote aufschneiden, das Mark herauskratzen.

▬ Milch und Sahne mit Vanilleschote und -mark in einem Topf bis zum Siedepunkt erhitzen. Topf vom Herd nehmen, Vanilleschote entfernen.

▬ Eigelb und Zucker mit dem Mixer cremig aufschlagen. Nach und nach die warme Vanillemilch unterrühren und anschließend durch ein feines Sieb filtern. So in die vorbereiteten Förmchen füllen, dass möglichst kein Schaum auf der Oberfläche steht. Förmchen bis zur Hälfte in ein Wasserbad stellen und etwa 45 Minuten im Ofen stocken lassen.

Creme in den Förmchen abkühlen lassen. Den Backofengrill auf volle Leistung heizen. Jeweils etwa 1 EL Zucker auf die einzelnen Cremeportionen streuen und unter dem Grill kurz karamellisieren lassen. Dies sollte schnell gehen – die Creme muss dabei kalt bleiben. Alternativ kann man zum Abbrennen einen speziellen Brenner für den Kücheneinsatz verwenden.

Motto-Partys

Spaß am Look

Besondere Feiern

Sie machen besonders viel Spaß, stärken das Gemeinschaftsgefühl und heben eine Party aus dem Einladungs-Einerlei heraus: Partys, die unter einem bestimmten Motto stehen.

Das Themenspektrum ist dabei so vielfältig, wie das Leben selbst: Es reicht von karnevalistisch-angehauchten Verkleidungs-Veranstaltungen über Folklore-Feten bis hin zum Spieleabend.

So unterschiedlich diese Partys auch sein mögen: Immer steht der gemeinsame Spaß am Thema, oft mit der Lust nach Verwandlung, im Vordergrund. Damit ein solcher Abend gelingt, ist eine klar formulierte Einladung das A und O. Denn eine Motto-Party macht erst dann richtig Spaß, wenn alle Gäste mitmachen. Und das erreicht man nur, wenn man den Abend nicht an seinen Freunden vorbeiplant, sei es, dass das Motto zu schrill ist oder höhere Kosten für besondere Accessoires-Einkäufe mit sich bringt.

So ist es wesentlich erfolgversprechender, zu einer „James-Bond-Party" als zu einer „Star-Wars-Party" einzuladen. Bei ersterer reicht es nämlich, wenn die Jungs im schwarzen Anzug und die Mädchen in edlerem Outfit erscheinen. Um jedoch ein echtes „Krieg-der-Sterne-Feeling" zu erzeugen, sind aufwändige Kostüme und viel Deko-Aufwand erforderlich.

Vielfältige Vorteile

Themen-Partys zeigen sich nicht nur hinsichtlich der Dekoration, sondern auch beim Catering oder bei der Gestaltung des Abends selbst von Vorteil: Das Motto selbst liefert eine Fülle an Ideen für Accessoires oder auch für Gerichte. Bei einer „All-in-white"-Party beispielsweise bieten sich neben rein weißer Kleidung auch Tischdecken, Geschirr, Kerzen, Blumen und selbst Rezepte wie Sahne-Kreationen oder helle Dips an. Und bei einer Fußball-Party stehen neben einem spannenden Spiel im TV die Vereinsfarben als Tischdeko, der Fan-Schal und Flaschenbier hoch im Kurs.

Ideen für Motto-Partys

Bad-Taste-Party

Es müssen nicht immer galante Schönheiten aus der Traumfabrik Hollywood sein, die zu Stars einer Party aufsteigen. Ganz im Gegenteil: Bei „Bad-Taste-Partys" ziehen diejenigen die Blicke auf sich, die mit voller Absicht den schlechtesten Geschmack beweisen.

Hautenge Leggins im Stil der Achtzigerjahre kombiniert mit völlig unpassenden Schuhen, dazu ein tief aufgeknöpftes Baumwollhemd in Hawaii-Optik mit Opas Feinripp-Unterhemd, das ganze mit einer schicken Pilotenbrille, Brusthaartoupet und einer skurrilen Rastafarimütze komplettiert: Fertig ist das optimale Schlechte-Geschmack-Outfit. Solche Partys sind also kein Anlass für Modebewusste, aber eine Mordsgaudi für jeden, der seine besten Freunde einmal als schrille Freaks bewundern möchte. Und: Schlecht anziehen kann sich jeder, ohne sich fürs Party-Outfit in Unkosten stürzen zu müssen.

Seventies

Sie sind längst Kult: Die bunten, schrillen oder auch trashigen Klamotten der 70er-Jahre. Ob pelzige Westen über rosafarbenen Hemden mit weißer Schlaghose und Lederstiefeln oder silberfarbene Leggins und Plateau-Schuhe zu Flower-Power-Shirt und skurriler Perücke: Seventies-Partys garantieren eine bunte, fröhliche Mischung aus Spaß und Kult. Beim Catering erinnert man sich an Omas Party-Kochkünste: Käse-Igel, Russische Eier und Falscher Hase sind hier ein absolutes Muss. Dazu dröhnen die Disco-Rhythmen von Abba, Garry Glitter und Kiss aus den Boxen.

Hut-Party

Kommt alle „wohl behütet" steht in der Einladung zur Hut-Party. Je schriller die Kopfbedeckung, desto besser. Wer perfekt gestylt sein will, greift zur selbst gebastelten Kreation: Mit ein paar

Haarnadeln und Klebstoff verbunden, entstehen aus Pappmaché, Stoffresten oder auch Naturmaterialien die abgedrehtesten Kreationen. Wer als Gastgeber gut vorbereitet ist, hält für Motto-Muffel einige geliehene Hüte an der Garderobe bereit.

Karaoke-Abend

„A new Pop-Star is born" – so lautet das Motto beim Karaoke-Event. Unabdingbar dazu: Ein Mikrofon und entsprechende Software für den Computer. Perfekt wird das Ganze natürlich mit einem speziellen Karaoke-Set. Aber es geht auch einfacher: Einfach im Internet die Songtexte googeln und mitsingen.

Poker-Face

Der gute alte Spieleabend erlebt eine große Renaissance – sich zum Spielen zusammenzufinden macht Spaß und liegt im Trend. Hoch im Kurs derzeit: Pokern. Fürs Las-Vegas-Feeling braucht man natürlich einen entsprechenden Spielekoffer und die passenden Drinks wie coole Cocktails auf Whiskey-Basis.

Folklore-Partys

Spaß mit Traditionen

Uralt und partybewährt – das sind die nationalen Volksfeste, die zum Teil schon seit Jahrhunderten für gute Laune und beste Stimmung sorgen. Dazu zählen z.B. die spanischen Fiestas: In den entsprechenden Trachten und zu folkloristischen Rhythmen feiert man auf der iberischen Halbinsel damals wie heute die heißesten Partys.

Als Motto-Partys eignen sich folkloristisch angehauchte Feste gleich in mehrfacher Hinsicht: Die passenden Trachten sorgen für ein witziges bis stilvolles Outfit. Und fast überall sind diese Feste mit bestimmter Musik und natürlich auch den entsprechenden Tänzen verbunden. Und nicht zuletzt gehören zu den Volksfesten traditionelle Gerichte, die eine Büffetplanung äußerst leicht machen. Nach einer passenden Partydekoration muss man meist auch nicht lange suchen.

Oktoberfest: Größte Party der Welt

Eines der weltweit bekanntesten, mit 6 Millionen Besuchern aber mit Sicherheit das größte Volksfest der Welt, ist das Münchner Oktoberfest. Und da begeisterte Besucher aus aller Herren Länder immer wieder auf das Festgelände, die „Wiesn“, strömen, wundert es nicht, dass man heute allerorts gern ausgelassene gleichnamige Motto-Partys feiert.

Vor 200 Jahren begann man überall in Bayern im Herbst vor der neuen Brauzeit volkstümliche Bierfeste zu feiern. Aus dieser Tradition mauserte sich das Münchner Oktoberfest zu einer unverwechselbaren Mammut-Party. Über zwei Wochen lang wird hier eine „Maß“ nach der anderen gestemmt und getrunken: Bier aus den berühmten gleichnamigen 1-Liter-Krügen.

Gediegene Bierzeltatmosphäre mit den klassischen bayrischen Farben Weiß und Blau, Trachten, Blasmusik und natürlich bayrische Spezialitäten – dies alles lässt sich von München aus recht einfach in die eigenen vier Wände transportieren. Besonders bietet sich ein solches Oktoberfest als Abschlussfeier der Sommerparty-Saison im Freien an.

Die besten Tipps: Oktoberfest

Die nötige Grundausstattung – von der Festzelt-Garnitur mit Biertischen und Bänken bis hin zu Bierkrügen – lässt sich häufig schon beim Getränkehändler um die Ecke leihen. Wer stilecht feiern will, bestellt beim gut sortierten Getränkefachmann kräftigeres Bier, am besten spezielles „Wiesn Bier", das sich durch mehr Stammwürze auszeichnet.

Atmosphärische Partydekoration

Weißblaue Girlanden und Tischdecken mit weißblauen Rauten zaubern das typische Wiesn-Flair in jeden Raum und auf jede Terrasse. Entsprechendes Dekomaterial findet man, genau wie für andere Folklore-Partys auch, im Internet: Die Händleradressen googelt man unter „Oktoberfest-Deko“.

Das richtige Outfit

Der Charme jeder Folklore-Party liegt vor allem auch im Tragen von Trachten. Auf dem Oktoberfest in München sind tief dekolletierte Dirndl bei den Damen und kurze Lederhosen sowie Trachtenhut bei den Männern unverzichtbar. Gut betuchte Wiesn-Besucher kleiden sich zwar jedes Jahr speziell für das Fest ein, aber wohl nur die wenigsten Normalbürger haben entsprechende Trachten im Schrank oder wollen Geld dafür ausgeben. Macht nichts: Stattdessen trägt man einfach Landestrachten, die man sich in der Verwandtschaft oder bei Freunden leiht. Das mag zwar nicht ganz stilecht sein – aber das gewünschte folkloristische Party-Feeling kommt trotzdem auf.

Passende Musik

Um stilecht „auf die Pauke zu hauen“, kann man seine Gäste mit folkloristi-

scher Musik wie bayrischer Blasmusik beschallen – man muss aber nicht! Auf der Wiesn tanzt man auch zu den gängigen Hits. Wer up to date sein will, informiert sich über Radio oder Internet über die aktuellen Renner-Songs des diesjährigen Oktoberfests.

Klassische Spezialitäten

Auf einer zünftigen Folklore-Fete dürfen die klassischen Spezialitäten nicht fehlen. Auf der Wiesn liebt man Brezeln mit Butter und einen bayrischen Obatzten – mit Zwiebeln und Gewürzen angemachter Weichkäse. Ein Radi, ein mit einem Radischneider in Spiralen geschnittener Rettich, wird zur Brezel serviert. Die gehört natürlich als echter Wiesnklassiker unbedingt zur zünftigen Brotzeit dazu. Wer zudem noch etwas Warmes genießen möchte, greift zu Bayrisch Kraut mit Weißwürsten und süßem Senf – die bayrischen Würstchen schmecken den Oktoberfest-Besuchern übrigens zu jeder Tageszeit!

Alternative Gerichte anbieten

So stilvoll viele klassische Volksgerichte wie Obatzter oder süßes Kraut auch sein mögen, sie sind nicht immer jedermanns Geschmack. Zur Sicherheit kann man das Büffet also noch durch andere Gerichte wie frische Salate ergänzen.

Bayrisch Kraut mit Weißwürschtl

Bayrisch Kraut ist nicht etwa sauer, sondern süß. Es wird gerne mit Weißwürsten serviert, je nach Umfang des Büffets rechnet man 1 oder 2 Weißwürste pro Person.

Zutaten: $1^{1}/_{2}$ kg Weißkohl • 150 g durchwachsener Speck • 90 g Schweineschmalz • 3 TL Zucker • $^{1}/_{2}$ l Fleischbrühe • 3 EL Weißweinessig • Kümmel • Salz • 12 (oder 24) Weißwürste • süßer, bayerischer Senf

Den Weißkohl putzen und in feine Streifen schneiden. Speck in kleine Würfel schneiden. Schweineschmalz in einem großen Topf erhitzen und die Speckwürfel darin kross braten. Zucker aufstreuen und karamellisieren. Kohl zugeben und kurz andünsten.

Mit Fleischbrühe und Weißweinessig ablöschen, Kümmel zugeben und das Kraut im geschlossenen Topf bei niedriger Hitze 20 bis 30 Minuten schmoren. Den Deckel abnehmen und so lange weiter garen, bis die Flüssigkeit verdampft und der Kohl weich ist. Hin und wieder umrühren, damit das Kraut nicht anbrennt. Mit etwas Salz würzen.

Die Weißwürste in Wasser erhitzen (aber nicht kochen, sonst platzen sie auf) und süßen Senf dazu servieren.

Laugenbrezeln

Sie sind das kulinarische Symbol schlechthin fürs Oktoberfest: Laugenbrezeln. Ihre typische Farbe erhalten sie durch ein Natron-Bad. Hausnatron dafür erhält man im Supermarkt oder in der Apotheke.

Zutaten (für ca. 12 Brezeln): 500 g Mehl • 2 Päckchen Trockenhefe • 1/2 TL Zucker • 1/2 TL Salz • 250 ml Wasser • 50 g weiche Butter • 2 EL Hausnatron • grobes Meersalz

▬ Für den Hefeteig Mehl mit Hefe, Zucker und Salz vermischen, Wasser und Butter in Flöckchen zugeben. Mit den Knethaken des Mixers gut durchkneten. Teig so lange gehen lassen, bis er sein Volumen deutlich vergrößert hat. Dann auf einer bemehlten Arbeitsplatte noch einmal gut durchkneten, in 12 Portionen teilen und daraus Brezeln formen.

▬ 1 l Wasser in einem hohen Topf aufkochen. Dann den Topf von der Kochstelle nehmen und das Natronpulver langsam und vorsichtig einrühren, da die Lauge sehr stark sprudelt.

▬ Die Brezeln nun mit Hilfe einer Schöpfkelle für jeweils etwa 20 Sekunden in die heiße Lauge tauchen. Anschließend gut abtropfen lassen und auf ein mit Backpapier ausgelegtes Backblech legen.

Die Brezeln mit grobem Meersalz bestreuen und im vorgeheizten Backofen bei 200 °C ca. 20 Minuten backen, anschließend auf einem Kuchengitter abkühlen lassen.

Obatzter

Obatzter war ursprünglich eine Verwertung von Käseresten. Man bereitet die Creme aus Weichkäse wie Camembert oder Limburger zu. Je nach Käsesorte wird die Creme recht scharf, mildere Varianten streckt man mit Quark oder Frischkäse. In Bayern sorgt häufig noch ein Schuss Bier für etwas Würze – als Getränk passt es natürlich dann auch perfekt. Dazu isst man frische Brezeln oder Roggenbrot.

Zutaten: 450 g reifer Camembert • 300 g Doppelrahm-Frischkäse • 3 EL weiche Butter • 6 EL Bier • 3 kleine Zwiebeln • Salz • Pfeffer • Paprikapulver edelsüß • 1/2 Bund Schnittlauch • 2 TL Kümmelsamen

- Den Camembert in kleine Würfel schneiden. Den Frischkäse, die weiche Butter und das Bier hinzugeben und alles mit einer Gabel zerdrücken und mischen.

- Zwiebeln schälen und sehr fein würfeln. Die Käsecreme mit Zwiebeln, Salz, Pfeffer und Paprikapulver würzen und kalt stellen.

- Schnittlauch waschen, in feine Röllchen schneiden und über die Käsecreme streuen. Kümmelsamen hacken und extra dazureichen.

All in white

Weißer geht's nicht

Es gibt viele Möglichkeiten, eine Party etwas aus dem Rahmen zu heben. „All in white" zählt unter den Tausenden von Alternativen sicherlich zu den einfachsten, aber wirkungsvollsten.

Weiße Kleidung hat fast jeder im Schrank – und so fällt es selbst Modemuffeln nicht schwer, das entsprechende Outfit zu finden, reicht doch hier schon ein weißes T-Shirt oder ein entsprechendes Hemd. Am besten macht sich natürlich ein komplett weißer Look, zu dem gern auch ein weißer Sommerhut oder entsprechende Turnschuhe zählen dürfen.

Aber nicht nur die Kleidung, auch die Deko lässt sich ohne großen Aufwand auf den Anlass hin abstimmen: von weißen Tischtüchern über weißes Geschirr bis hin zu weißen Speisen lässt sich alles dem Motto unterordnen.

Die besten Tipps: All in White

Je weißer desto besser – das ist das einfache Motto, welches nicht nur für die Kleidung der Gäste, sondern vor allem auch für die passende Deko, aber auch für das Büffet oder die Getränke gilt.

Weiße Blumen

Blumen sehen nicht nur gut aus, sie tragen auch dazu bei, dass die Umgebung freundlicher und lebendiger wird. Bestenfalls nimmt man Pflanzen mit weißen Blüten, wie Margeriten, Tulpen oder Chrysanthemen oder – wer es mag – auch Lilien und stellt sie in weißen oder gläsernen Vasen auf.

Weißer Überzug

In jedem Fall kommt es gut an, wenn auch die Möbel in sanftem Weiß versinken. Dazu organisiert man am besten weiße Stuhlhussen oder Couchbezüge. Aber es geht auch einfacher: Über die Couch kann man ein weißes Bettlaken legen. Über die Stühle legt man ebenfalls weiße Laken oder Tücher, die man mit einer – natürlich am besten weißen – Kordel festzurrt. Das sitzt zwar nicht so perfekt wie eine Husse, erfüllt aber trotzdem seinen Zweck.

Weiße Tische

Tische kleidet man dem Motto entsprechend natürlich auch in passend weiße Tischdecken. Reicht der eigene Fundus dazu nicht aus, kann man sich sicherlich im Bekanntenkreis entsprechendes Tuch leihen. Wenn allerdings Gefahr besteht, dass schwerwiegende Flecken entstehen – z.B. durch Rotwein – greift man besser zu weißer Lackfolie aus dem Baumarkt oder – ganz preiswert – zu einem Stück weißer Raufasertapete.

Weißes Geschirr

Natürlich passt weißes Geschirr am besten. Reichen die eigenen Bestände nicht aus, lassen sich natürlich auch farblich

passendes Plastikgeschirr und -besteck einsetzen. Und wer möchte, serviert seinen Gästen selbst die Getränke in weißen Tassen.

Weiße Cocktails

Bei der Auswahl der Getränke können passenderweise auch weiße Cocktails mit Zutaten wie Milch, Batida de Coco oder Sahne gewählt werden. Dazu zählt beispielsweise der „Brandy Alexander“: Dieser Cocktail gehört zur Kategorie der „Sweet & Creamy“ und besteht aus 4 cl Apricot Brandy, 2 cl Kakaolikör und 3 cl Sahne. Die Zutaten in einem Shaker mixen und anschließend in ein Cocktailglas abseihen. Anschließend kann man ihn je nach Wunsch mit frisch geriebenem Muskat verfeinern und mit Strohhalmen dekorieren. Andere weiße Cocktails sind der „Golden Cadillac“, die „White Lady“ oder der allgemein bekannte „Pina Colada“.

Schwarzlicht & weiße Kerzen

Schwarzlicht ist immer ein Hit und darf auf keiner All-in-white-Party fehlen. Es sorgt nicht nur für eine coole Atmosphäre, sondern auch für spannende Effekte – vor allem auf der Tanzfläche. Außerdem kann man mit

Schwarzlicht weiße Schriftzüge wie einen Willkommensgruß besonders hervorheben und betonen. Der Handel führt entsprechende Leuchtmittel, die man in vorhandene Leuchten einsetzen kann.

Für romantisches Licht, das nicht aus dem Farbrahmen fällt, sorgen natürlich auch weiße Kerzen und Teelichter. Am besten erhellen sie den Raum in weißen Ständern – alternativ kann man auch einen alten weißen Teller verwenden, um Kerzen einen zum Motto passenden, sicheren Untergrund zu verschaffen. Und falls es etwas mehr Licht sein soll: Weiße Lichterketten erhellen beispielsweise perfekt das Büffet.

Weiße Deko

Weiße Deko – wo gibt's denn diese? – diese Frage stellt sich nur auf den ersten Blick: Denn das Durchforsten des eigenen Fundus fördert meistens schnell etwas passendes zutage wie weiße Muscheln, weiße Ketten oder weiße Tücher. Mit nur wenig Aufwand entsteht auch schnell weitere weiße Deko – nämlich mit weißem Sprühlack. So können trockene Zweige oder Blätter bestens mit weißem Lack überzogen werden.

Ricotta-Creme

Fast ganz in Weiß präsentiert sich eine Creme aus feinem italienischem Ricotta-Frischkäse, die in Chicoréeblättern angerichtet wird.

Zutaten: 2 Chicorée • 1 Bund Schnittlauch • 1 Bund glatte Petersilie • 500 g Ricotta • 100 ml Sahne • Salz • Pfeffer • 1 Spritzer Zitronensaft • 4 EL Haselnussöl

— Chicorée waschen, putzen, die einzelnen Blätter für etwa 5 Minuten in lauwarmes Wasser legen. Anschließend mit kaltem Wasser abspülen und abtropfen lassen.

— Schnittlauch und Petersilie waschen und trocken schütteln. Einige Schnittlauchhalme zur Dekoration beiseite legen, die restlichen Kräuter fein hacken.

— Ricotta in eine Schüssel geben, mit Sahne verrühren. Die gehackten Kräuter untermischen und die Creme mit Salz, Pfeffer und Zitronensaft abschmecken.

— Die Chicoréeblätter auf einer weißen Platte oder Tellern auslegen und je einen Löffel Ricotta-Creme hineingeben. Haselnussöl darüber träufeln und die Platte bzw. Teller mit Schnittlauch garnieren.

Kartoffeln in Salzkruste

Intensiver Rosmarin-Duft durchzieht das Haus, wenn der geheimnisvolle weiße Salzberg aus dem Ofen kommt. Das Aufbrechen der Salzkruste kann man mit den Gästen zelebrieren! Darin verstecken sich aromatische Kartoffeln mit mediterranem Flair, zu denen man einen Quark-Kräuter-Dip reichen kann.

Zutaten:

16 mittelgroße Kartoffeln (festkochend) • einige Zweige Rosmarin • 5 Eiweiß • 4–5 kg ungereinigtes Meersalz

- Backofen auf 200 °C vorheizen. Kartoffeln und Rosmarin waschen und trockentupfen.

- Eiweiß cremig aufschlagen, mit dem Meersalz und einem kleinen Schuss Wasser zu einer dicken Masse rühren. Die Hälfte davon auf ein mit Backpapier ausgelegtes Backblech geben. Kartoffeln und Rosmarin darauf verteilen und dann mit dem Rest der Salzmischung völlig abdecken.

- Zunächst 1 Stunde bei 200 °C backen. Anschließend den Ofen auf 60 °C herunterschalten und die Kartoffeln weitere 50 Minuten garen. Die Salzkruste mit Hilfe eines Messers aufbrechen.

Panna cotta

Die italienische Panna cotta sieht vielleicht unschuldig aus, entpuppt sich aber als pure Verführung – darauf deutet schon der Name hin: Panna cotta heißt übersetzt nämlich gekochte Sahne. Und die ist eine Sünde wert.

Zutaten: 9 Blatt weiße Gelatine • 3 Vanilleschoten • $1\frac{1}{2}$ l Sahne • 9 EL Zucker

- Gelatine in kaltem Wasser einweichen.
- Vanilleschoten der Länge nach aufschneiden, das Mark herauskratzen und mit den Schoten in einen Topf mit der Sahne geben. Zucker hinzugeben und die Sahne unter Rühren aufkochen. Bei kleiner Hitze abgedeckt ca. 15 Minuten köcheln lassen, dann vom Herd nehmen.
- Vanilleschoten herausnehmen. Gelatine ausdrücken, in der heißen Vanillesahne unter ständigem Rühren auflösen.
- In eine gut gekühlte Schale oder in Gläser füllen und am besten über Nacht kalt stellen.

Tipp: Die Panna cotta wird weniger mächtig, wenn man ein Viertel der Sahne durch Milch ersetzt.

Schöne Feiertage

Partys zu Halloween, Karneval & Co

Der Kalender ist gespickt mit Tagen, die zum Feiern einladen – neben den großen religiösen Festen wie Weihnachten und den Nationalfeiertagen stehen Party-Klassiker wie Karneval. Grund genug, Freunde und Verwandte einzuladen und die Post abgehen zu lassen.

Ein beliebter Anlass ist in immer mehr Regionen der 31. Oktober: Halloween. Am Abend vor Allerheiligen gehen Gespenster um. Ausgehöhlte Kürbisse erleuchten Haustüren und Eingänge, gruselig maskierte Kinder ziehen durch die Straßen, klingeln an den Türen und rufen „Süßes oder Saures" um die Erwachsenen das Fürchten zu lehren – und Süßigkeiten abzusahnen. Zu dieser Gelegenheit verwandelt man den Partykeller ins Gruselkabinett, um gemeinsam mit anderen Geisterkameraden ein schaurig-schönes Halloween-Fest zu feiern.

Die besten Tipps zu Halloween

Die saisonalen Feste sind häufig fest mit bestimmten Accessoires verbunden wie Ostern mit Hasen oder bunten Eiern, Weihnachten mit Tannenbaum und Sternen oder Halloween mit Kürbissen und schaurigen Masken. Sie liefern viele Möglichkeiten für passende Dekorations-Ideen.

Schaurig-schöne Accessoires

Jede gute Halloween Party lebt von einer möglichst gruseligen Atmosphäre, die den Gästen eine Gänsehaut über den Rücken jagt. Anregungen und Angebote für die entsprechende Dekoration findet man bequem im Internet unter Suchbegriffen wie „Halloween-Party", aber auch in Deko-

Halloween-Kürbis herstellen

Zuerst schneidet man einen großen Deckel im Zickzack aus dem Kürbis. Dann wird der ganze Kürbis mit einem Esslöffel oder noch besser, mit einem Ausschäler ausgehöhlt. Das Fruchtfleisch kann man übrigens bestens fürs Party-Büffet verarbeiten. Nun schnitzt man mit dem Küchenmesser eine gruselige Fratze in die Kürbiswand. Geometrische Formen eignen sich am besten. Zum Schluss stellt man ein Teelicht in den Kürbis und setzt den Deckel wieder auf: fertig ist die Kürbis-Fratze.

Geschäften oder Supermärkten. Etwas aufwändiger, aber auch kostengünstiger, lässt sich das passende Ambiente selbst schaffen: Pappgespenster und -spinnen können mit wenig Material schnell gebastelt werden – und sind absolut angesagt. Als die klassischen Halloween-Farben gelten Schwarz, Orange, Weiß und Gelb. Auf keinen Fall darf aber der typische Halloween-Kürbis fehlen.

Gruselige Büffet-Dekoration

Auch das Büffett lässt sich bestens ins gruselige Ambiente einbeziehen. Zuckerwatte beispielsweise eignet sich hervorragend als „Spinnengewebe“ über kleinen süßen Versu-

chungen. „Nette“ Accessoires wie Plastikspinnen oder Totenköpfe sind erst richtig „appetitlich“.

Die passende Musik

Keine Party ohne passende Musik. Doch nur weil Halloween ein Gruselfest ist, muss einem bei der Musik noch lange nicht das kalte Grausen kommen. Im Gegenteil: Halloween soll nicht nur Angst einjagen, sondern vor allem Spaß machen. Aus den Boxen klingt deshalb also am besten Partymusik, die sofort gute Laune verbreitet und zum Tanzen animiert.

Das richtige Kostüm

Jede Party lebt von ihren Gästen! Damit die Stimmung richtig gut und gruselig wird, sollten die Gäste zu Halloween selbstverständlich verkleidet sein! Besonders beliebt sind Geisterkostüme jeglicher Art. Ganz leicht lassen sie sich mit einem weißen Laken, Stift und Schere selbst „schneidern“. Mit etwas Schminke, beispielsweise einem Kajalstift, entstehen im Handumdrehen die gruseligsten Gesichter. Ausgefallene Masken – von Hexen über Vampire bis zu Zombies – erhält man im Fachhandel oder im Internet unter „Halloween-Zubehör“.

Der „Home Haunt“

Der „Home-Haunt“ (Hausspuk) ist eine typisch amerikanische Halloween-Tradition, bei der die Kinder herausgefordert sind, erst den „Haunt“ zu durchqueren, bevor es Süßigkeiten gibt. Dazu hängt man möglichst schaurige Dekorationen auf und schaltet für den Spuk-Rundgang alles Licht aus. Manche Halloween-Fans lehren ihren Gästen dabei sogar mit trickreichen Effekten das Fürchten. Wer seiner Halloween-Party also noch ein besonderes Etwas verleihen möchte, sorgt für einen außergewöhnlichen und furchterregenden Home-Haunt.

Die perfekte Lichtstimmung

Doch die besten Verkleidungen und die aufwändigsten Dekorationen wirken nur halb so gut, wenn das Licht nicht stimmt: Zu helles Licht zerstört jede Gruselatmosphäre und ist damit völlig unpassend. Zu dunkel sollte es aber auch nicht sein – Schemen und Schatten haben einen besonderen Reiz. Schwaches, gedämmtes oder gefärbtes Licht und vor allem Kerzen oder Lampions sorgen für die richtige Atmosphäre. Perfekt wird die Geisterstunde mit dem Einsatz einer kleinen Nebelmaschine.

Kürbis-Eintopf

Zutaten: 1 Kürbis (z.B. „Spirit" 4–5 kg) • 20 g Butter • Salz • Pfeffer aus der Mühle • 750 g festkochende Kartoffeln • 400 g Möhren • 300 g Lauch • 400 g Cabanossi • 3 EL Öl • 2 l Gemüsebrühe • 60 g Crème fraîche • Cayennepfeffer

Vom Kürbis einen Deckel abschneiden, das Fruchtfleisch mit einem Löffel herauskratzen, dabei etwa 2 cm am Rand stehenlassen. Die Kerne entfernen, 1 kg Fruchtfleisch abwiegen und würfeln. In Butter andünsten, mit Salz und Pfeffer würzen. Ein Drittel pürieren.

Gemüse waschen und schälen bzw. putzen. Kartoffeln würfeln, Möhren in Scheiben und Lauch in dünne Ringe schneiden. Die Cabanossi in Scheiben schneiden.

Kartoffeln, Möhren und die Hälfte der Cabanossi in Öl andünsten, mit 1 Liter Brühe aufgießen und zugedeckt 15 Minuten kochen lassen. Lauch, Kürbiswürfel und -püree, restliche Wurst und Brühe dazugeben und weitere 10 Minuten köcheln lassen. Crème fraîche unterrühren, den Eintopf mit Salz und Cayennepfeffer abschmecken.

Serviertipp: Serviert man den Eintopf im ausgehöhlten Kürbis, muss dieser standfest sein!

Geisterhände

Diese geisterhaften Puddinghände stellt man am besten zu zweit her – einer hält beim Einfüllen des Puddings die Handschuhe! In Form bringen kann man die Hände, indem man den „Handrücken" im Gefrierschrank mit einem nicht zu schweren Gegenstand beschwert.

Zutaten:

1 l Milch • 2 Pck. Vanille-Puddingpulver • 8 EL Zucker • 2 Gläser rote Grütze • 1 Tüte Mandelblättchen • 3 Einmalhandschuhe (ungepudert)

- Den Pudding nach Anweisung kochen und leicht abkühlen lassen, dabei mehrmals umrühren damit sich keine Haut bildet.

- Die Einmalhandschuhe mit warmem Wasser ausspülen. Den nicht mehr heißen, aber noch flüssigen Pudding in die Handschuhe füllen. Dabei darauf achten, dass jeder Finger gut mit Pudding gefüllt ist, aber oben genug Platz zum Zubinden bleibt. Handschuh dicht verschließen und mehrere Stunden in den Gefrierschrank legen.

- Die eingefrorenen Handschuhe auf eine große Platte legen und etwas antauen lassen. Dann mit einer Schere vorsichtig aufschneiden und die Handschuhe entfernen.

Die rote Grütze wirkungsvoll auf und neben den Händen verteilen. Eventuell auch noch mit einer Gabel einige Furchen in die Finger ritzen. Schließlich die Mandelblättchen als Fingernägel aufsetzen und vorsichtig andrücken.

Spinnennetz-Kuchen

Zutaten: 200 g Zartbitterschokolade • 6 Eier • 200 g weiche Butter • 200 g Zucker • 150 g Mehl • $^{1}/_{2}$ Pck. Backpulver • 200 g gemahlene Haselnüsse • Salz • 200 g dunkle Kuvertüre • 150 g weiße Kuvertüre

▬ Die Schokolade in kleine Stücke brechen, im Wasserbad schmelzen und leicht abkühlen lassen. Eier trennen.

▬ Butter mit Zucker schaumig rühren, Eigelbe nacheinander unterrühren. Mehl, Backpulver und Nüsse vermischen und unter den Teig rühren. Die abgekühlte, noch flüssige Schokolade unterrühren. Eiweiß mit einer Prise Salz steif schlagen und vorsichtig unter den Teig heben.

▬ Masse in eine gefettete Springform geben und im vorgeheizten Backofen bei 175 °C auf der mittleren Schiene ca. 45 Min. backen. Den Kuchen aus der Form nehmen und abkühlen lassen.

▬ Die dunkle Kuvertüre im Wasserbad schmelzen und den Kuchen komplett überziehen. Trocknen lassen. Die weiße Kuvertüre schmelzen und in einen Spritzbeutel mit kleiner Tülle füllen. Ein Spinnennetz-Muster auftragen. Als Gag kann man noch eine Plastikspinne aufsetzen.

Frauen-Power

Spaß unter sich

Nicht erst seit „Sex and the City", der legendären amerikanischen TV-Kultserie, wissen Mädchen und Frauen, wie man Spaß hat. Im Gegenteil: seit jeher feiern sie die Feste, wie sie fallen: Ob beim berüchtigten gemütlichen „Damenkränzchen", bei ausschweifenden Weiberfastnachtfeiern oder traditionellen Partys anlässlich des internationalen Frauentags – das „schwache" Geschlecht verstand und versteht es stets starke Feten steigen zu lassen. Und da ist Frau sich einig: Ganz gleich ob mit offiziellem Anlass oder einfach nur so – nichts geht über eine gelungene Party unter Mädchen.

Viel braucht es für solch einen Spaß nicht: nette Freundinnen, etwas Zeit – und natürlich keine Männer, auch wenn diese in den Gesprächen und Witzen die Hauptrolle spielen. Und wenn man dann noch für ein nettes Ambiente sorgt, kann kaum eine andere Party mithalten.

Top-Tipps für Frauen-Partys

Auch wenn der Spaß bei einer reinen Freundinnen-Party von vornherein schon garantiert ist: durch ein wenig Vorbereitung lässt er sich noch deutlich steigern.

Locker vom Hocker

Eine gelungene Mädchenparty lebt von der ungezwungenen Atmosphäre. So sein dürfen, wie man ist oder auch mal so sein, wie man möchte – das ist hier Trumpf. Gemütliche

Sitzgelegenheiten bieten die geeignete „Grundlage" für lockere Gespräche und ausgiebige Tuscheleien. Ein paar Kissen auf einem flauschigen Teppich sind so die bequeme Alternative zu ungemütlichen Stühlen.

Kleine Sünden

Natürlich, die schlanke Linie ist für Mädchen auch auf einer Party ein Thema. „Grünfutter", sprich Rohkost, in Hülle und Fülle sowie essbare Light-Lieblinge wie köstliche Melonen-Spießchen oder eine erfrischende Gurkensuppe sollten deshalb nicht fehlen. Aber auch exklusivere Gaumenfreuden wie Garnelenspieße – einfach und schnell zubereitet – kommen bestens an. Doch so gesund und lecker dies alles auch sein mag: Kleine süße Versuchungen dürfen einfach nicht fehlen. Ob ein feines Schokoladen-Mousse, ein paar edle Pralinen oder auch eine Portion Eis: Kleine Sünden runden die Girls-Party in jedem Fall ab.

Wohlfühl-Programm

Nur Tratsch und Klatsch ist auf Dauer langweilig. Es darf also ruhig ein kleines Programm her. Warum nicht an einem ungemütlichen Tag mit den Freundinnen zusammen den aktuellen

Herz-Schmerz-Fetzen aus der Videothek schauen, ohne sich dabei gleich von den Jungs die passenden Sprüche anhören zu müssen? Spaß garantiert auch eine „Star-Party“: Man führt sich einfach mal gegenseitig die letzten Shopping-Eroberungen als kleine Modenschau vor und hält die besten Outfits mit der Digitalkamera in Modell-Bildern fest. Oder wie wär es mit etwas Wellness: Feine Aromen versprühen oder eine Duftlampe aufstellen, Gesichtsmasken auflegen oder sich einfach gegenseitig massieren – Frau, was willst du mehr!

Die Sterne befragen

Was bringt die Zukunft? Was sagt mein Horoskop und was die Karten? Ein Blick in die Sterne – verbunden mit kleinen und großen Träumen – ist in jedem Fall ein spannendes Erlebnis. Das Orakel lässt sich bestens mit Tarot-Karten befragen – wenn diese nicht zur Hand sind, kann man sich auch gegenseitig die aktuellen Horoskope vorlesen. Und wem selbst das zu viel Aufwand ist: Einfach gemeinsam in die Sterne schauen und sich die Zukunft erträumen.

Musik ist Trumpf

Männliche Begleiter sind hier nur in Form musikalischer Frauen-Typen gefragt. Endlich lassen sich Schnulzen und Schmachtfetzen – von den Bee Gees bis zu Robbie Williams – ohne die lästernde Männlichkeit genießen. Eine Sammlung beliebter Softsongs sollte also bereitliegen.

Prickelnde Verführer

Prickelnde Verführer dürfen gerade wenn keine Männer am Start sind auf keinen Fall fehlen. Ein Gläschen Prosecco ist wie geschaffen dafür, eine Mädchenparty so richtig in Stimmung zu bringen. Und wenn es der Geldbeutel zulässt: Warum nicht auch mal zur Feier des Tages ein Fläschchen Champagner köpfen?

Eine köstliche Alternative sind natürlich auch Cocktails – und da braucht man nicht gleich eine ganze Cocktailkarte. Am besten sucht man sich ein einfaches, schönes Rezept heraus wie einen Pfirsich-Cocktail: Zitronensaft mit Campari mischen, zu Pfirsichstückchen in ein Glas schütten und mit Schaumwein aufgießen.

Gurkensuppe light

Gurken sind ein echtes Wellness-Gemüse: Auf den Augen sorgen sie als Scheiben für wohltuende Entspannung und in dieser Suppe für erfrischenden und vor allem kalorienarmen Genuss! Wird fettarmer Joghurt als Basis für dieses leichte Süppchen verwendet, darf Frau zum Verfeinern trotzdem einen Schuss Sahne verwenden, ohne dass dies figurmäßig zu Buche schlägt.

Zutaten: 2 Schalotten • 3 Schlangengurken • 1500 g fettarmer Joghurt • 1 Becher saure Sahne • 100 ml Sahne • 4 EL Weißweinessig • 3 Spritzer flüssiger Süßstoff • Salz • Pfeffer • 2 Bund Dill

- Schalotten häuten und fein würfeln. Gurken schälen, längs halbieren, entkernen und würfeln. Beides pürieren.

- Joghurt, saure Sahne und Sahne mit dem Gurkenpüree vermischen, alle Gewürze hinzugeben und kräftig aufmixen.

- Dill waschen, fein hacken und unter die Suppe rühren.

Serviertipp: An heißen Tagen kann man die Suppe als erfrischenden Drink im Glas, gerne auch mit Eis „on the rocks" servieren.

Garnelenspieße de luxe

Eine köstliche Verführung sind kleine Garnelenspieße mit zwei verschiedenen Dips, die schnell angerührt sind.

Zutaten: 24 King Prawns (ohne Panzer) • 1 unbehandelte Zitrone • 24 kleine Spieße • 60 g Butter • Salz • Pfeffer

- Die Garnelen kalt abspülen und mit Küchenpapier trocken tupfen. Je eine Garnele auf einen Spieß stecken. Die Zitrone heiß abwaschen, trocknen und die gelbe Schale mit einem Zestenreißer abhobeln.

- Die Hälfte der Butter in einer Pfanne bei mittlerer Hitze schmelzen, 12 Spießchen darin etwa 2 Minuten dünsten. Spieße herausnehmen, restliche Butter in der Pfanne erhitzen und 1 TL Zitronenschale hineingeben. Nach einer Minute die restlichen Garnelenspieße in die Pfanne legen und ebenfalls 2 Minuten braten.

Apfel-Calvados-Dip: 200 g Crème fraîche, 50 g Joghurt, 1 TL Ketchup mit etwas Salz und 2 EL Calvados verrühren. 1/4 Apfel schälen, fein reiben, mit 1 TL Zitronensaft vermischen und unter die Creme rühren. Mit Cayennepfeffer pikant abschmecken.

Curry-Senf-Dip: 100 g Salatcreme, 100 g Crème fraîche, 1 EL mittelscharfen Senf und 1 TL Zitronensaft verrühren. Mit 1 TL Curry würzen und mit jeweils einer Prise Zucker und Salz abschmecken.

Schoko-Sünde

Diese Schokoladencreme ist jede Sünde wert – für den perfekten Geschmack lohnt es sich, hochwertige Schokolade aus Edelkakao zu verwenden. Je höher der Kakaoanteil in der Schokolade, desto schokoladiger der Geschmack! Perfekt eignen sich Schokoladen mit rund 70 % Kakaoanteil.

Zutaten: 400 g dunkle Schokolade • 6 Eier • 500 ml Sahne • 3 EL Weinbrand • 60 g Zucker

- Die Schokolade in Stücke hacken, im Wasserbad schmelzen und leicht abkühlen lassen.

- Die Eier trennen, Eiweiß steif schlagen und in den Kühlschrank stellen. Sahne steif schlagen und auch kaltstellen.

- Eigelb mit Weinbrand und etwas heißem Wasser aufschlagen, nach und nach den Zucker einrieseln lassen und alles dick schaumig schlagen. Dann zügig die lauwarme, flüssige Schokolade unterrühren.

- Den Eischnee mit einem Schneebesen unterrühren, anschließend die Sahne unterheben. Die Creme mehrere Stunden kaltstellen.

Sportlich feiern

Partys zu großen Sport-Events

Zigtausende Fans in Stadien, Tausende vor Großleinwänden in den Städten und viele Freundeskreise vor den Fernsehern zuhause – bei großen Sportereignissen gehören Feiern und Fan-Partys einfach dazu. Der Anlass wird zum Programm, der Wettkampf des Tages zum Thema Nummer Eins. Für das passende Drumherum braucht man nicht viel, vor allem nicht, wenn im Fernseher oder auf der Leinwand ein Sportereignis – wie ein Fußballspiel – gemeinsam angeschaut wird.

Für dieses spannende Vergnügen sind genügend Sitzplätze erforderlich – die weniger Bequemlichkeit als vielmehr freie Sicht auf den Bildschirm bieten müssen. Für die Partygäste, die dem Sport dann doch eher das Büffet oder einen kleinen „unsportlichen" Plausch vorziehen, sollte man ein Eckchen reservieren, wo sich Sportbegeisterte und Nicht-Sportler gegenseitig nicht zu sehr stören.

Die besten Tipps zur Sport-Party

Ganz gleich, ob die Nationalmannschaft antritt, olympische Athleten um Gold kämpfen oder der „eigene" Verein um den Sieg ringt – als Gastgeber einer Sportparty muss man sich um die Stimmung meist keine Sorgen machen. Gleichwohl aber kann man die Atmosphäre unterstreichen:

Deko in passenden Farben

Für das richtige Ambiente sorgt eine Deko in Vereins- oder Nationalfarben. Passende Fanartikel wie kleine Fähnchen,

Bierdeckel oder Girlanden gibt es in vielen Deko-Shops. Stilvoll ist, auch das Büffet in den entsprechenden Farben zu gestalten: von den Servietten bis hin zu den Farben der Speisen.

Spielfeld-Deko

Einen Volltreffer landet man bei einer Fußball-Party mit einem großen Spielfeldtisch. Eine grüne Tischdecke symbolisiert den Rasen, die weißen Linien lassen sich mit etwas Klebeband nachziehen. Tore, Spieler und Ball bekommt man beispielsweise aus einem Tippkickspiel. Hinter und neben die Zuschauer hängt man eine Wäscheleine, an der Trikots und Schals in Landesfarben befestigt werden.

Kleine Snacks

Bei der Auswahl der Snacks setzt man auf schnelle Köstlichkeiten, die den gespannten Blick auf den Fernseher oder die Leinwand nicht trüben. Hier empfehlen sich Blätterteigstangen mit Käse, ein paar Kräcker mit Dips oder eine große Portion frischer Pommes mit Ketchup oder Majonäse. Echte Hingucker sind

auch kleine Kekse in Form von Trikotoberteilen oder -hosen. Diese kann man sogar als stilvolle Dekoration überall auf dem Tisch verteilen.

Sportliche Pausen

In den Pausen wartet man voller Spannung auf die nächste Halbzeit. Zur Auflockerung empfiehlt sich ein kleines Elfmeterschießen auf eine Torwand. Jeder Anwesende versucht drei Mal das runde Leder durch die Rundungen in der Wand zu schießen. Wer dabei am besten abschneidet, den erwartet als Preis eine goldfarbene Medaille oder ein kleiner Siegerpokal. Die Torwand stellt man am besten – und zur Sicherheit – im Freien auf.

Dresscode

Als ordentlicher Ersatzspieler auf der heimischen Bank identifiziert man sich natürlich mit seinen Jungs oder Mädels auf dem Platz. Dementsprechend benötigt man bei dem Sportfest einen klaren Dresscode. Erwartet werden das richtige Trikot, der dazugehörige Schal und eine Fahne. Wer sich weigert dieser Auflage nachzukommen, der bekommt direkt die rote Karte und wird scherzhaft vom Platz gestellt.

Sportliche Klänge

Bei jedem größeren Sport-Event der vergangenen Jahre gab es mindestens einen Song, der allerorts aus dem Äther klang. Diese Hits dürfen bei der privaten Sport-Party natürlich auch nicht fehlen. Da jeder die Songs kennt, eignen sie sich bestens, um auch nach dem Schlusspfiff für gute Laune zu sorgen – selbst wenn die eigene Mannschaft verloren hat.

Mini-Burger

Zutaten (für 24 Stück): 16 große Toastscheiben • 3 kleine Zwiebeln • 350 g gemischtes Hackfleisch • 1 kleines Ei • 2 EL Senf • Salz • Pfeffer • Paprika edelsüß • Öl zum Braten • 3–4 Scheiben Edamer Käse • 12 Cornichons • 3 EL Majonäse • 3 große Blätter Eisbergsalat • $1^{1}/_{2}$ EL Ketchup • 24 Fähnchen-Spieße

▬ Aus den Toastscheiben z.B. mit einem Glas jeweils 3 runde Plätzchen (ca. 3 cm Ø) ausstechen. Eine Handvoll Toastreste in Wasser einweichen. $^{1}/_{2}$ Zwiebel fein würfeln. Restliche Zwiebeln in dünne Ringe schneiden.

▬ Hackfleisch, Zwiebelwürfel, Ei, ausgedrücktes Brot und 1 EL Senf vermengen. Mit den Gewürzen abschmecken. 24 kleine, flache Frikadellen formen und braten.

▬ Das Brot rösten. Käse in Vierecke, Gurken in Scheiben schneiden. Majonäse mit Senf, etwas Gurkensud, Salz und Pfeffer verrühren und die Toastscheiben damit bestreichen.

▬ Gewaschene Salatblätter in 24 Stücke reißen und die Hälfte der Toastscheiben damit belegen. Dann je eine Frikadelle, Gurken, Zwiebelringe, Ketchup und Käse auflegen und zuletzt die zweite Toastscheibe mit einem Spieß feststecken.

Currywurst

Eine zünftige Currywurst ist für viele echte Fans genauso ein Muss zum Fußball wie die Flasche Bier. Schließlich gibt es wohl kein Fußballstadion, in dem nicht auch Würstchen angeboten werden. Wer sie stilecht servieren möchte, besorgt sich z.B. in einer Imbiss-Bude die passenden Pappschalen dazu.

Zutaten:

12 Rostbratwürstchen • 2 kleine Zwiebeln • 10 Cornichons • 2 EL Öl • 1 EL Currypulver • 1 Messerspitze Chilipulver • 3 EL Orangenlimonade • 500 ml Ketchup • Salz • Pfeffer

- Die Bratwürstchen grillen oder in der Pfanne braten. Mit einem scharfen Messer in jeweils $1^{1}/_{2}$ cm breite Stückchen schneiden und beiseite stellen.

- Die Zwiebeln und die Cornichons klein schneiden. In einem Topf das Öl erhitzen und zuerst die Zwiebeln und dann die Gürkchen andünsten. Mit Curry und Chilipulver würzen und mit Orangenlimonade ablöschen.

- Den Tomatenketchup und 2 EL Wasser zur Zwiebel-Cornichon-Masse geben und verrühren. Mit Salz und Pfeffer abschmecken.

Trikot-Kekse

Fußball-Trikots zum Naschen – da werden auch echte Kerle schwach. Die Mürbeteigplätzchen sind eine witzige Dekovariante für sportliche Partys. Für die Formen fertigt man am besten passende Schablonen aus Backpapier an. Die Trikots kann man später nicht nur mit Rückenzahlen, sondern auch mit den Namen der Gäste versehen.

Zutaten (für etwa 30 Stück): 300 g Mehl • 175 g kalte Butter • 175 g Zucker • 1 Pck. Vanillezucker • 1 Ei

- Mehl in eine Schüssel geben, Butter in Stücken und die restlichen Zutaten hinzugeben und daraus einen Teig kneten. In Frischhaltefolie wickeln und 30 Minuten kalt stellen.

- Den Teig auf einem bemehlten Brett nicht zu dünn ausrollen. Mithilfe der Schablonen die Formen ausschneiden und auf ein mit Backpapier ausgelegtes Backblech legen. Im vorgeheizten Ofen bei 200 °C 10–12 Minuten auf der mittleren Schiene backen. Anschließend abkühlen lassen.

- Zum Verzieren färbt man Zuckerguss mit Lebensmittelfarbe und bestreicht die Plätzchen damit. Auf den getrockneten Guss schreibt man Zahlen oder Namen mit Zuckerschrift oder verwendet essbare Deko-Buchstaben.

3
IGOR

Festliche Anlässe

Feierliche Momente

Feiern im Kreis der Liebsten

Ein runder Geburtstag oder ein Jubiläum, eine Taufe oder eine Hochzeit, aber auch Ostern und Weihnachten: Es gibt immer wieder schöne Anlässe, sich im Kreise der Liebsten zu versammeln und einen festlichen Tag oder Abend zu verleben.

Von einer Fete unterscheiden sich solche Feiern vor allem durch den Rahmen: So sind hier in der Regel eher feine Speisen oder sogar ein Menü als deftige Partygerichte, eher edles Porzellan anstatt Plastikgeschirr oder ausgesuchte Weine statt Dosenbier gefragt. Und: Meist sind es generationsübergreifende Feiern, bei denen es nicht nur darum geht, Gleichaltrige im Blick zu haben, sondern auch ältere und ganz junge Familienmitglieder.

Zu steif allerdings sollte man das Ganze auch nicht angehen, denn schließlich soll es ja ein fröhliches Fest und keine Trauerveranstaltung werden.

Top-Tipps: Festliche Anlässe

Festliche Anlässe leben von einem liebevoll gestalteten Ambiente. Dabei gilt es, vor allem im Vorfeld verschiedene Details im Blick zu haben:

Vorausschauend planen

Festliche Anlässe sind keine Spontanfeiern – dementsprechend früh sollte man einladen und mit den Vorbereitungen beginnen. Besonders unvergesslich wird der Tag, wenn man auch kleinste Details wie Blumenschmuck oder die Kerzenwahl im Blickfeld hat. Ein perfektes Ambiente will genau geplant und durchdacht sein; und das geht nur, wenn man sich in Ruhe Gedanken macht. Entsprechende Checklisten und eine exakte Ablaufplanung benötigen dabei Zeit und Muße.

Große Tafel

Bei den meisten Partys steht in Bezug auf das leibliche Wohl meist das Büffet im Fokus. Bei einem festlichen Anlass hingegen gilt das besondere Augenmerk meist vielmehr dem schön gedeckten Tisch – ganz gleich, ob sich die Gäste an einem Büffet selbst bedienen sollen oder man fertig angerichtete Teller servieren möchte.

Denn einem festlichen Anlass entspricht oft eine große gedeckte Tafel wesentlich mehr als locker verteilte Sitz- und Essgelegenheiten. Ist der Tisch nicht ausreichend groß für die Gesellschaft, kann man auch mehrere Tische aneinanderreihen. Um ausreichend Platz zum Essen zu haben, sollten jedem Gast mindestens 60 cm Breite zur Verfügung stehen. Um sich bequem hinsetzen zu können, benötigt man für die Stühle mindestens 80 cm Bewegungsspielraum.

Stimmiges Ambiente

Dem Anlass entsprechend sollten alle Dekorationselemente möglichst perfekt aufeinander abgestimmt sein. Ton in Ton wirkt auf der festlichen Tafel ruhiger und stimmiger als viele bunt zusammengewürfelte Elemente. Tischdecke, Geschirr, Servietten, Kerzen und Blumen sollten harmonieren: Man benötigt ein klares Konzept aus Farben und Formen, die stilvoll ineinander verschmelzen und optisch zusammenpassen.

Dekorative Details

Ein schön gedeckter Tisch lebt nicht nur von einer geschmackvollen Tischdecke und schönem Porzellan. Besonders wirkungsvoll sind fein säuberlich platzierte Gedecke mit gefalteten Servietten und natürlich Tischkarten. Bei Blumenschmuck und Kerzen gilt es zu beachten, dass sie nicht zu viel Höhe beanspruchen, und man sein Gegenüber nur noch durch die Blume ansehen kann! Nicht zuletzt freuen sich Gäste, wenn man warme Gerichte auf warmen Tellern serviert. Geschirr kann man 15 Minuten bei 75 °C im Backofen vorwärmen.

Ausweichmöglichkeiten

Bei großen Feierlichkeiten im familiären Kreis oder unter Freunden kommen häufig auch viele Kinder, die sich schnell langweilen, wenn sie einfach nur brav am Tisch sitzen müssen. Damit die Erwachsenen in Ruhe ihren Smalltalk genießen können, sollte man im Vorfeld ein interessantes Rahmenprogramm für die lieben Kleinen auf die Beine stellen. Vielleicht einen Parcours im Garten, ein paar Spielzeuge oder einen Tisch mit Papier und Stiften zum Malen. Aber auch ältere Familienmitglieder gilt es zu berücksichtigen: Viele Senioren schätzen so beispielsweise nach dem Essen eine kleine Siesta; andere hingegen einen Verdauungsspaziergang.

Geschenketisch

Bei Geburtstagen und Jubiläen werden Geschenke überreicht, und diesen sollte man einen schönen Platz zuweisen, auf dem sie dekorativ zur Wirkung kommen. Ebenfalls bedenken: Vasen in verschiedenen Größen für Blumenpräsente parat halten.

Klassische Getränkefolge

Bei festlichen Feiern gilt eine klassische Getränkefolge: Zur Begrüßung und vor dem Essen ein Aperitif, z.B. ein Glas Sekt, ein Sherry oder auch ein Aperol. Der Aperitif sollte leicht und nicht zu sättigend sein. Zum Essen gibt es Wein: Zu leichten Gerichten und Fisch reicht man Weißwein, zu dunklem Fleisch und schwereren Gerichten Rotwein. Zum Dessert kann man einen Dessertwein anbieten, zum Kaffee danach einen Digestif, z.B. Obstbrand, Grappa oder Cognac. Bier wird in der Regel nur auf Aufforderung angeboten, alle anderen Getränke können auf dem Tisch stehen. Nicht zu vergessen sind Mineralwasser, Säfte und Limonaden, die man besonders stilvoll in Karaffen serviert.

Paprikamousse auf Spinatgelee

Zutaten: Spinatgelee: 400 g TK-Blattspinat • 6 Blatt Gelatine • 1 kleine Zwiebel • 30 g Butter • Salz • Pfeffer • 200 ml Gemüsebrühe

Paprikamousse: 800 g rote Paprika • 1 kleine Zwiebel • 4 EL Olivenöl • 500 ml Gemüsebrühe • 100 ml Sherry • Salz • Pfeffer • 6 Blatt Gelatine • 150 g geschlagene Sahne

Den Spinat auftauen, die Gelatine in kaltem Wasser einweichen. Zwiebel fein würfeln, in der Butter glasig dünsten, Spinat hinzufügen. Mit Salz und Pfeffer würzen und mit der Brühe auffüllen. Etwa 10 Minuten köcheln lassen.

Die Masse pürieren, etwas abkühlen lassen und nach 10 Minuten die ausgedrückte Gelatine unterrühren. 12 Gläser mit kaltem Wasser ausspülen und die Spinatmasse einfüllen. Erkalten lassen.

Paprika waschen, putzen und würfeln. Zwiebel würfeln. Zwiebelwürfel in Öl glasig dünsten, Paprikawürfel hinzufügen und anschwitzen. Mit Brühe und Sherry auffüllen, salzen, pfeffern und ca. 12 Minuten kochen lassen.

Gelatine einweichen. Die Paprikamasse pürieren und durch ein feines Sieb passieren. Gelatine ausdrücken und einrühren. Erkalten lassen und dann die geschlagene Sahne unterheben. Paprikamousse auf das Gelee geben und im Kühlschrank fest werden lassen.

Serviertipp: Hierzu passt ein pikanter Knoblauchdip (siehe S. 57).

Lammcarpaccio

Zutaten: Carpaccio: 350 g frischer Lammrücken • 2 Knoblauchzehen • 6 EL Olivenöl • 1 EL Zitronensaft • Salz • Pfeffer • 1 Bund Schnittlauch •
Salatbouquet: 2–3 Sorten Salate (z. B. Lollo rosso, Radicchio, Chicorée) • 1 rote Paprika • 2 große, dicke Möhren
Vinaigrette: Olivenöl, weißem Balsamessig, Salz und Pfeffer

Für das Carpaccio das Lammfleisch zunächst anfrieren und in hauchdünne Scheiben schneiden. Man kann das Fleisch auch entsprechend geschnitten beim Metzger vorbestellen.

Knoblauch in feinste Würfel schneiden. Mit Olivenöl, Zitronensaft, Salz und Pfeffer zu einer Marinade rühren. Darin die Fleischscheiben marinieren.

Die Zutaten der Vinaigrette gut miteinander vermischen. Salate waschen, putzen, große Blätter zerpflücken. Paprika waschen, putzen und 12 Streifen daraus schneiden. Möhren für die „Krawatte“ blanchieren und in etwas Vinaigrette marinieren. Anschließend abtropfen, mit den weiteren Salatzutaten dekorativ anrichten und mit Vinaigrette beträufeln. Carpaccioscheiben dazugeben und mit Schnittlauchröllchen dekoriert servieren.

Mortadella-Lasagne

Zutaten: 36 Scheiben Mortadella • 300 g Zucchini (gelb) • 3 Fleischtomaten • 1 Bund Frühlingszwiebeln • 10 EL Olivenöl • 6 EL weißer Balsamessig • 2 TL Senf • Salz • 1 Msp. Zucker • Pfeffer • 1 Bund Basilikum

Zucchini waschen, bei Bedarf schälen und in feine kleine Streifen schneiden. Tomaten kreuzweise einritzen, mit kochendem Wasser übergießen und die Haut abziehen. Entkernen und klein würfeln. Die Frühlingszwiebeln waschen, putzen und in feine Ringe schneiden. Dann alle Zutaten vermischen.

Olivenöl, Essig, Senf, Salz, Zucker und Pfeffer zu einer Vinaigrette aufmixen, über das Gemüse geben und eine Stunde ziehen lassen.

Für die Lasagne den Gemüsesalat zwischen den Wurstscheiben anrichten und die einzelnen Portionen mit Basilikumblättern dekorieren.

Tipp: Wem drei Scheiben Wurst pro Portion zu viel sind, nimmt entweder nur 2 Scheiben oder greift zu Sorten, die in kleinen Größen angeboten werden (z.B. Geflügel-Lyoner). Die Salatzutaten werden dann entsprechend reduziert.

Zander-Wirsing-Roulade

Diese feine Fischspeise erfordert etwas handwerkliches Geschick. Zunächst wird eine Farce aus Zander zubereitet, die man dann mit Lachs und zarten Wirsingblättern aufrollt.

Zutaten: 600 g Zanderfilet • 300 g Sahne • 2 Eiweiß • Salz • Pfeffer • Curcuma • 12 Wirsingblätter (nicht die äußeren) • 125 g weiche Butter • Salz • Pfeffer • 450 g frischer Wildlachs in dünnen Scheiben

Für die Farce Sahne mit Eiweiß verschlagen und mit Salz, Pfeffer und Curcuma würzen. Das Zanderfilet würfeln, mit der Sahne-Ei-Masse vermischen, 1 Stunde ziehen lassen, dann 15 Minuten anfrieren. Anschließend mit dem Pürierstab aufmixen und durch ein feines Sieb passieren.

Während die Farce anfriert, die Wirsingblätter blanchieren, abkühlen lassen und mit der Teigrolle zwischen 2 Küchenpapieren glätten. Je ein Blatt auf ein Stück gebutterte Alufolie legen und mit Salz und Pfeffer würzen. Nun jeweils etwas Farce darauf streichen und diese mit Lachs belegen. Aufrollen, Folie verschließen und in ein zweites Stück Folie wickeln. Rollen in die Fettpfanne des Backofens legen, zu 2/3 mit kochendem Wasser angießen und 12 Minuten bei 150 °C garen. Zwischendurch die Rollen einmal wenden.

Dazu passt eine Weißweinsauce auf Fischfondbasis, die mit Wein, Crème fraîche, Butter und geschlagener Sahne verfeinert wird.

Geflügel-Pilz-Ragout

Zutaten: 1 kg gemischte Pilze (z.B. Pfifferlinge, Champignons) • 1 kg Hähnchenbrust • 2 EL ÖL • 1 Gemüsezwiebel • 3 EL Mehl • 3 Gläser Waldpilzfond (à 400 ml) • 50 g Butterschmalz • 500 g Crème fraîche • Salz • Pfeffer • 500 g Weintrauben (kernlos)

Die Pilze waschen, putzen und auf Küchenpapier trocknen lassen. Je nach Größe halbieren. Das Fleisch mit kaltem Wasser abspülen, in 3 cm große Würfel schneiden und in heißem Öl anbraten.

Die Zwiebel schälen und hacken. Zum Fleisch geben, glasig dünsten, dann alles mit Mehl bestäuben. Das Fleisch mit 800 ml Pilzfond ablöschen und unter gelegentlichem Rühren 20 Minuten zugedeckt köcheln lassen.

Währenddessen die Pilze in einer extra Pfanne etwa 3 Minuten heiß braten. Dann mit dem restlichen Pilzfond ablöschen und diesen einkochen lassen.

Die Pilze zum Fleisch geben, Creme fraîche unterrühren und kräftig mit Salz und Pfeffer würzen. Die halbierten Trauben zum Fleisch geben und kurz darin ziehen lassen. Vor dem Servieren einige ganze Weintrauben auflegen.

Salat mit Sesambällchen

Zutaten: Gemischter Blattsalat • 1 Gurke • 1/2 Bund Radieschen • 250 g Kartoffeln (mehlig kochend) • 1 Zwiebel • 1 Knoblauchzehe • Butter zum Braten • 6 cm Ingwerwurzel • 8 Minzeblätter • 2 Eier • Salz • 1 Msp. Cayennepfeffer • 5 EL Mehl • 60 g Sesamsaat

Dressing: 10 EL Walnussöl • 5 EL weißer Balsamessig • 3 Schalotten • Salz • Pfeffer • gehackte Petersilie

Aus Blattsalaten, Gurke und Radieschen einen bunten Salat vorbereiten. Aus Walnussöl, Essig, fein gehackten Schalotten, Salz, Pfeffer und Petersilie ein Dressing anrühren.

Für die Sesambällchen die Kartoffeln schälen, kochen und noch warm zerdrücken. Zwiebel und Knoblauch sehr fein würfeln, kurz in Butter andünsten. Ingwer schälen und reiben, Minze fein schneiden. Eier trennen, Eigelb mit den vorbereiteten Zutaten, Salz und Cayennepfeffer zu Kartoffelteig verarbeiten. Kleine Bällchen formen, diese in Mehl wälzen und mit Eiklar und Sesam panieren. Die Bällchen in einer Pfanne in Butter ringsherum ca. 5 Minuten braten.

Den Salat mit dem Dressing mischen und mit den Sesambällchen servieren.

Käsepralinen

Kleine pikante Käsepralinen kann man aus ganz verschiedenen Käsesorten in ganz unterschiedlichen Geschmacksrichtungen kreieren. Milde Varianten bereitet man entweder aus Frischkäse oder auch auch mildem Brie oder anderem Weichkäse zu. Für pikantere Sorten bieten sich Blauschimmel-, Ziegen- oder auch Schafskäse an.

Auch die weiteren Zutaten lassen sich vielfältig variieren: Für zusätzliches Aroma sorgen Gewürze, Kräuter oder auch ein Schüsschen aromatischer Alkohol; von außen umhüllt werden die kleinen Köstlichkeiten mit gehackten Kräutern wie Schnittlauch oder Dill, mit Gewürzen wie rosa Pfefferbeeren oder Paprikapulver oder auch mit Nussblättchen oder Pistazienstückchen.

Frischkäsepralinen:

200 g kalten Doppelrahm-Frischkäse und 100 g geriebenen Gouda mit einer Gabel vermischen, mit Salz, weißem Pfeffer und 1 TL Balsamessig abschmecken. Zu kleinen Bällchen formen, in gehackten Pistazien wälzen und in Pralinenmanschetten setzen.

Roquefortpralinen:

250 g Roquefort zerdrücken und mit 100 g Frischkäse und 1 EL Portwein vermischen. In gehackten Walnüssen wälzen.

Gebackener Pudding

Zutaten: 100 g dunkle Schokolade • 80 g gemahlene Haselnüsse • 5 Eier • Butter und Zucker für die Formen • 50 g weiche Butter • 50 g Zucker • 1 EL Kakaopulver • 2 EL Orangenlikör • 20 g zerbröselter Löffelbiskuit • 1 TL geriebene Orangenschale

- Schokolade hacken und über einem heißen Wasserbad schmelzen. Haselnüsse in einer trockenen Pfanne rösten bis sie zu duften beginnen. Eier trennen, Eigelb beiseite stellen, Eiweiß zu Schnee schlagen und kalt stellen.

- 12 Auflaufförmchen (oder ein Muffinblech) mit Butter einfetten und mit Zucker ausstreuen.

- Butter und Zucker schaumig rühren, die Eigelbe nach und nach unterrühren. Anschließend die etwas abgekühlte Schokolade, das Kakaopulver und den Likör hinzufügen.

- Nüsse, Biskuitbrösel und geriebene Orangenschale vermischen und mit dem Eischnee vorsichtig unter die Teigmasse heben. Die Förmchen maximal zu $^{2}/_{3}$ mit der Masse füllen. Die Formen im Ofen in ein Wasserbad stellen und ca. 40 Minuten bei 190 °C garen. 5 Minuten auskühlen lassen und dann aus den Formen nehmen.

Serviertipp: Den Pudding auf Orangenscheiben servieren, die mit gehackten Pistazien bestreut sind.

Kinderpartys

Bunt und lustig

Motto-Partys für die Kleinen

Ganz gleich, ob zum Geburtstag oder zu einem anderen Anlass: Ein Kinderfest wird nur dann zu einem unvergesslichen Ereignis, wenn die Atmosphäre, das Programm und das Essen ganz auf die Bedürfnisse von Kindern zugeschnitten sind. Das bedeutet: Ein Kinderfest will von Anfang an sehr gut durchdacht und vorbereitet sein.

Am einfachsten gestaltet sich der Nachmittag, wenn man ihn unter ein Motto stellt, wie z. B. Indianer-Fest oder Prinzessinnen-Ball. Besonders attraktiv sind Themen, die gleich Spielideen und Bewegungsmöglichkeiten bieten, allen voran eine Zirkus-Party. Hier heißt es „Hereinspaziert!" für dressierte Raubtiere, geschickte Jongleure oder lustige Clowns. Die passenden Outfits findet man im Karneval-Fundus oder stellt sie leicht mit den Kindern gemeinsam her wie z. B. Tiermasken aus bemaltem Karton. Und auch das Essen lässt sich perfekt auf solche Motto-Partys für Kleine abstimmen wie z. B. mit einer Zirkustorte.

Die besten Tipps: Kinderfeste

Vorbereitungslisten

Eine To-Do-Liste mit allen bevorstehenden Aufgaben von beispielsweise der Einladung, der Spieleauswahl oder Ideen für das Essen sollte immer angelegt werden. Wenn mehrere Familienmitglieder an den Vorbereitungen und der Durchführung beteiligt sind, lassen sich die jeweiligen Tätigkeiten gleich den verantwortlichen Personen zuordnen.

Engagierte Helfer

Gerade bei einem Kinderfest wird jede helfende Hand gebraucht. Großeltern, gute Freunde oder Patentanten und -onkel lassen sich perfekt für Arbeiten in der Küche, am Grill oder beim Basteln einspannen. Wenn Gruppen bzw. Mannschaften gebildet werden, benötigt man auch Gruppenbetreuer. Beim Anleiten der Spiele sollte allerdings immer nur eine Person das Kommando haben.

Alles griffbereit

Vor dem Eintreffen der kleinen Gäste sollten nicht nur die Leckereien vorbereitet sein, sondern auch die notwendigen Spielutensilien und Verkleidungsgegenstände bereitliegen. Wichtig: Den Fotoapparat aufgeladen und präpariert bereitstellen. Besser ist noch, wenn jemand von den Großen für das Fotografieren verantwortlich ist.

Gemeinsam Geschenke bewundern

Damit es in der Anfangsphase nicht drunter und drüber geht und die mitgebrachten Geschenke unbeachtet weggelegt werden, empfiehlt es sich, die kleinen Gäste – mit ihrem Geschenk – in einem lockeren Kreis auf dem Boden Platz nehmen zu lassen. Dabei lässt sich das Fest mit einem bekannten Geburtstagslied z. B. aus dem Kindergarten offiziell beginnen. Anschließend wird beim „Flaschendrehen" ein Gast nach dem anderen ausgewählt, um dem Geburtstagskind sein Geschenk zu überreichen. Ausgepackt wird unter den neugierigen Blicken aller Gäste. Dankeschön!

Maltische

Kindern fällt es bekanntermaßen schwer, länger ruhig am Tisch zu sitzen. Ein gedeckter „Maltisch" in Form eines schlicht in Packpapier gekleideten Esstisches, fungiert nicht nur als originelles Tischtuch, sondern zugleich als integriertes Beschäftigungsprogramm. Mit Hilfe von ein paar Buntstiften können die Schnellesser nach Her-

zenslust endlich mal ein Möbelstück bemalen, während sich die Genießer noch gemütlich Kakao und Kuchen schmecken lassen.

Bewegung ist Trumpf

Vor allem Bewegungsspiele, also auch Tanzspiele wie die beliebte „Reise nach Jerusalem" oder Suchspiele – beispielsweise unter einem Riesentuch – sind einer ausgelassenen Stimmung ausgesprochen zuträglich. Bei Pfänderspielen lassen sich die Pfänder mit Geschicklichkeitsaufgaben oder Denkspielen verschiedener Schwierigkeitsgrade wieder einlösen.

In der Ruhe liegt die Kraft

Ruhephasen sind für alle Beteiligten eines Kinderfestes willkommen. Auf einem gemütlichen Lager aus Kissen und Decken entspannen sich die kleinen Gäste besonders gut bei einer Vorlesegeschichte. Um die Spannung und die Konzentration zu erhöhen, kann man anschließend ein Quiz zur Geschichte durchführen.

Vitamine halten fit

Essen und Trinken hält Leib und Seele zusammen. Das gilt auch für Kinder auf anstrengenden Partys. Dabei müssen es nicht immer nur Süßkram und Fast Food sein, die Kinderherzen höher schlagen lassen. Nett angerichtete Rohkost-Snacks und Früchte im süßen Gewand wandern „ratzfatz" in die kleinen Münder. Für reichlich Nachschub sorgen! Wasser und Säfte sind die idealen flüssigen Energiespender. Cola und süße Limonade vermisst niemand, wenn fruchtige – zuckerarme – Drinks, vielleicht in bunten Bechern mit hübschen Strohhalmen serviert werden.

Abholen organisieren

Alles hat ein Ende – und ein Gutes, wenn man es bei Kinderpartys von Anfang an im Blick hat. Die Eltern der kleinen Besucher sollten genau informiert werden, wann sie ihre Kinder zurückerwarten können. Besonders wichtig: Den Rücktransport der Partygäste organisieren. Am besten spricht man mit den Eltern ab, wer wen wann abholt und mitnimmt.

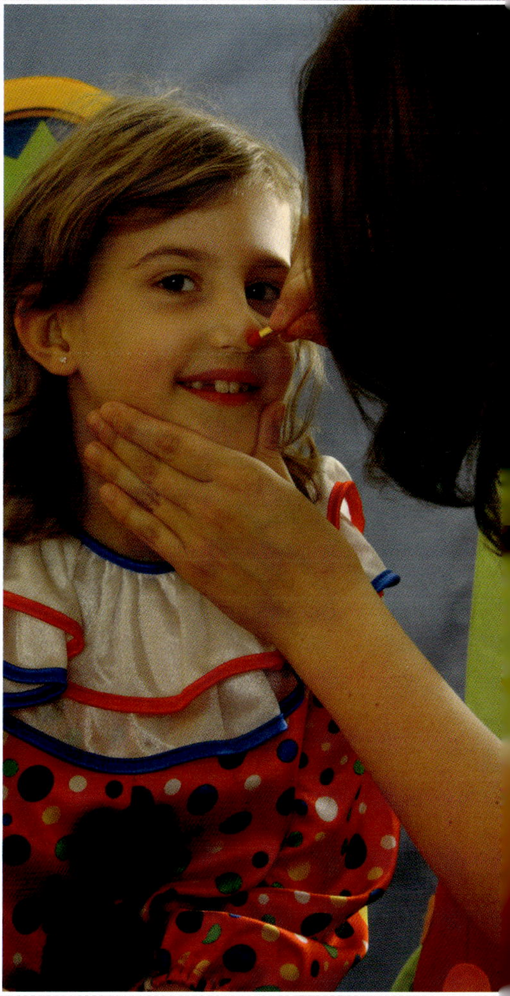

Konfetti-Nudel-Salat

Zutaten: 500 g kleine runde Nudeln • 2 bunte Paprikaschoten • 200 g TK-Erbsen • 3 EL Öl • 1 kleines Glas Perlzwiebeln • 1 kleine Dose Mais • 200 g Kirschtomaten
Dressing: 4 EL Salatmajonäse • 350 g Vollmilchjoghurt • Sud der Perlzwiebeln • Salz • Pfeffer • frische Kräuter nach Geschmack (Petersilie, Schnittlauch oder Kresse)

Paprika waschen, halbieren, Kerne herauslösen und mit Hilfe eines Apfelausstechers runde Kreise ausstechen.

Die Nudeln in reichlich kochendem Salzwasser garen. 2 Minuten vor Ende der Garzeit die Erbsen und Paprikastückchen zugeben und mitgaren. Abgießen, kalt abschrecken, das Öl darübergeben und verrühren.

Perlzwiebeln aus dem Glas nehmen, den Sud beiseite stellen. Mais abgießen, Tomaten waschen, mit Perlzwiebeln zu den Nudeln geben.

Für das Dressing Majonäse und Joghurt mit 8 EL Zwiebelsud verrühren. Mit dem Salat mischen, salzen und pfeffern, frisch gehackte Kräuter dazugeben und den Salat gut durchziehen lassen.

Spaghetti-Auflauf

Dieser Spaghetti-Auflauf wird in der Fettpfanne des Backofens zubereitet und wie eine Pizza angerichtet.

Zutaten:

400 g Spaghetti • Salz • 4 Frühlingszwiebeln • 4 Tomaten • Butter • 12 Scheiben runde Salami • 6 Cocktailtomaten • 5 Eier • 300 ml Milch • 200 g Crème fraîche • Kräutersalz • Pfeffer • 300 g geriebener Edamer Käse

Spaghetti in reichlich Salzwasser al dente kochen. Abgießen, kalt abspülen und gut abtropfen lassen.

Frühlingszwiebeln waschen, putzen und in feine Ringe schneiden. Tomaten waschen, halbieren, die grünen Stielansätze entfernen und die Tomaten klein würfeln. Beides mit den abgetropften Nudeln vermischen.

Eine Pfanne buttern und die Spaghettimasse hineingeben. Die Salamischeiben gleichmäßig darauf verteilen. Cocktailtomaten waschen und halbieren, auf jede Salamischeibe eine Tomatenhälfte legen.

Eier mit Milch und Crème fraîche verquirlen, mit Kräutersalz und Pfeffer würzen, den geriebenen Käse unterrühren. Die Masse über die Nudeln gießen. Den Auflauf im vorgeheizten Backofen bei 200 °C so lange backen, bis die Eiermilch fest geworden ist (ca. 30 Minuten). Sollte der Auflauf schon vorher zu dunkel erscheinen, deckt man ihn bis zum Ende der Garzeit mit Alufolie ab.

Knusprige Hähnchen-Sticks

Diese Hähnchensticks schmecken auch kalt und können daher sehr gut vorbereitet werden.

Zutaten: Hähnchensticks: 1 kg Hähnchenbrust (ohne Knochen) • 2 Eier • Salz • 200 g ungesalzene Erdnüsse • 8 EL Semmelbrösel • Butterschmalz zum Braten
Dip: 400 g saure Sahne • 6 EL Ketchup • Salz • Pfeffer

Für die Hähnchensticks das Fleisch mit kaltem Wasser abspülen, mit Küchenpapier trockentupfen und in etwa 5 cm lange Streifen schneiden.

Eier in einem tiefen Teller verquirlen und salzen. Erdnüsse hacken und in einem zweiten Teller mit dem Paniermehl mischen. Die Fleischstücke zuerst durch das Ei ziehen, dann in der Nuss-Mischung wälzen und in heißem Butterschmalz von jeder Seite goldbraun braten.

Die Sticks auf Küchenpapier abtropfen lassen, abkühlen lassen und bis zum Servieren abgedeckt in den Kühlschrank stellen.

Für den Dip die saure Sahne mit dem Ketchup verrühren und mit Salz und Pfeffer abschmecken.

Hotdogs

Hotdogs sind bei Kindern sehr beliebt – vor allem, wenn sie die Würstchen im Brötchen selbst belegen dürfen. Für kleinere Kinder sollte man den Snack allerdings am besten fertig vorbereiten.

Zutaten: 12 Hotdog-Brötchen • 12 Wiener Würstchen • 1 kleines Glas Gewürzgurken • etwa 12 EL Remoulade • 60 g Ketchup • etwa 12 TL mittelscharfer Senf • 1 Pck. Röstzwiebeln

- Die Würstchen in heißem Wasser erhitzen, aber nicht kochen lassen, weil sie dann platzen könnten.

- Die Gurken abtropfen und schräg in dünne Scheiben schneiden.

- Brötchen kurz aufbacken, längs auf- aber nicht durchschneiden. Untere Hälften mit Remoulade, Ketchup und Senf bestreichen und mit Gurkenscheiben belegen. Je ein Würstchen in ein Brötchen legen und mit Röstzwiebeln bestreuen.

Tipp: Man kann Kindern die Hotdogs gut in kleinen Pergamentpapier-Tüten servieren, die herausquellende Zwiebeln oder Ketchup auffangen.

Bunte Frikadellen

Zutaten (für ca. 25 kleine Bällchen): 750 g Rindergehacktes • 1 Zwiebel • 1/2 gelbe Paprikaschote • 1 EL Paprikamark • 1 TL Senf • 1 Ei • 3 EL Semmelbrösel • Salz • Pfeffer • edelsüßes Paprikapulver

Die Zwiebel häuten und sehr klein würfeln. Die Paprika säubern und waschen; erst in feine Streifen, dann in sehr kleine Würfelchen schneiden.

Das Hackfleisch in eine Schüssel geben. Paprikamark, Senf, Ei, Semmelbrösel und Gewürze dazugeben und alles mit den Knethaken des Mixers gut vermischen. Zum Schluss Zwiebel- und Paprikawürfel untermischen.

Den Backofen auf 200 °C vorheizen. Hände mit kaltem Wasser anfeuchten und aus dem Hackfleischteig etwa 25 kleine Bällchen formen. Auf ein mit Backpapier belegtes Backblech legen und auf der mittleren Schiene etwa 15 Minuten garen.

Serviertipp: Zu den Hackbällchen schmecken nicht nur Senf oder Ketchup gut, sondern beispielsweise auch ein Kräuterdip mit Joghurt und Crème fraîche oder eine selbst angerührte Salsa.

Muffin-Clowns

Lustige Muffins mit leckeren Verzierungen – hier aus Sahne und Früchten – sind der Renner auf Kinderpartys.

Zutaten: Muffins: 175 g Butter • Salz • 150 g Zucker • 1 Pck. Vanillezucker • 4 Eier • 150 g saure Sahne • 325 g Mehl • 1 Pck. Backpulver

Verzierung: 200 ml Sahne • $1/2$ Beutel Sahnesteif • $1/2$ Pck. Vanillezucker • bunte Früchte (Kiwi, Ananas, unbehandelte Orange, Beeren) • Zuckerdragees oder Schokostreusel

Weiche Butter mit einer Prise Salz, Zucker, Vanillezucker vermixen. Eier nacheinander einzeln unterrühren und schaumig schlagen. Die saure Sahne unterrühren. Mehl und Backpulver vermischen und ebenfalls unterrühren.

Den Teig in eine gefettete Muffinform oder 12 Papierförmchen füllen und im vorgeheizten Backofen auf der mittleren Schiene bei 175 °C ca. 20–25 Minuten backen. Abkühlen lassen und anschließend verzieren.

Für die Verzierung Sahne, Sahnesteif und Vanillezucker steif schlagen und auf die Muffins streichen. Früchte in passende Stücke schneiden und in Form von „Gesichtern" auf die Sahne legen. Eventuell mit Schokostücken arbeiten.

Zirkus-Torte

Zutaten: Biskuit: 5 Eier • 1 Prise Salz • 250 g Zucker • 250 g Mehl • 1/2 Pck. Backpulver
Füllung: 500 ml Sahne • 200 g dunkle Schokolade • 1 Glas Sauerkirschen • 3 Pck. Sahnesteif • 2 Pck. Vanillezucker • 3 EL Kirschkonfitüre • süße Deko zum Verzieren

Für die Füllung Sahne in einem Topf erwärmen, Schokolade in Stücke schneiden und in der Sahne schmelzen. Die Masse über Nacht im Kühlschrank kühlen.

Für den Biskuit die Eier trennen, Eiweiß mit Salz steif schlagen. Eigelb mit 5 EL heißem Wasser schaumig schlagen, dabei den Zucker einrieseln lassen. Mehl mit Backpulver mischen, auf die Eigelbmasse sieben und unterrühren. Zum Schluss den Eischnee unterheben. Teig in eine gefettete Springform geben und bei 175 °C ca. 45 Minuten backen. Den Biskuit zweimal durchschneiden und auskühlen lassen.

Kirschen abtropfen lassen, ca. 36 Stück für die Dekoration beiseite legen. Die Schokoladensahne mit Sahnesteif und Vanillezucker steif schlagen.

Den unteren Biskuitboden mit Konfitüre bestreichen, den zweiten Boden aufsetzen, etwas Schokosahne darauf streichen und die Kirschen darauf verteilen. Den Rand der Torte mit Schokosahne bestreichen, restliche Sahne kuppelförmig aufstreichen. Den dritten Boden wie eine Torte in 12 Stücke schneiden. 9 Stücke wie ein Dach auf die Torte setzen. Die Zwischenräume mit den restlichen Kirschen füllen und die Torte nach Belieben weiter verzieren (z.B. mit Schokostäbchen, -röllchen oder Zuckerkonfetti).

Frucht-Cocktails

Auch Kinder lieben Cocktails – und das besonders, wenn sie sie selbst mixen dürfen. Dazu reicht es meist, verschiedene Säfte sowie Eiswürfel und vorbereitete Fruchtstücke zum Aufspießen und Dekorieren bereitzustellen.

Eiswürfel lassen sich mit kleinen Früchten aufpeppen, die man im Wasser mit einfriert – z. B. Himbeeren oder Kirschen. Zum Kühlen von Getränken kann man auch nur tiefgefrorene Früchte verwenden: z. B. Erdbeeren oder Himbeeren aus der Tiefkühl-Packung oder kleine vorbereitete und eingefrorene Melonen- oder Pfirsichkugeln.

Melonen-Granita: Eine coole Erfrischung: Das entkernte Fruchtfleisch einer kleinen Wassermelone pürieren und in Eiswürfelbehältern einfrieren. 30 Minuten vor dem Servieren aus der Kühlung nehmen, antauen lassen, dann mit dem Pürierstab etwas aufmixen und auf Gläser verteilen. Je einen Schuss Granatapfelsirup dazugeben und die Drinks mit eisgekühltem Mineralwasser auffüllen.

Orangen-Smoothie: 6 reife Aprikosen (oder 12 Hälften aus der Dose) mit 1 l Orangensaft und 500 g Vanilleeis pürieren. Mit Fruchtspießchen dekorieren.

Register der Rezepte

Bildquellen

Fotografie: Raphael Pehle, Medien Kommunikation, Unna, Germany, außer: Ovidiu Iordachi: S. 17, 182-184; Yuri Arcus: S. 75; Benis Arapovis: S76; Boris Djuranovic: S. 77; Ryzhkov: S. 78; Milkod: S.79; Dimirti Shironosov: S.152; Ron Chapple Studios: S. 180; Knut Ninepuu: S. 181; Andreas Rodriguez: S. 208; Jan Skwara: S. 209; Paul Maguire: S. 211; Deanyne Flowers: S. 212; Ijansempoi: S. 212; Gordana Sermek: S. 244; Francois Etienne Du Plessis: S. 246; Emin Kuliyev: S. 247; Jason Hawkins: S. 249; Ariadna Gold: S. 250; Aliaksadr Markau: S. 251; Yojtech Vlk: S. 272 (alle: dreamstime.com); Peter Jobst: S. 189 sowie S. 185-187: fotolia.com

Realisation: Medien Kommunikation, Tobias Pehle, Unna, Germany

Redaktion: Beate Engelmann, Martina Handwerker, Julien Pehle, Henning Mohr, Carola Struck, Natalie Maag, Anja Hülsebrock

Herstellung: Mathias Hinkerode (Ltg.)

Ein ganz besonderer Dank bei der Beratung der Rezeptentwicklung gilt Rolf Schmidt, Jens Reckermann, Roger Kimpel

Für die Unterstützung beim Kochen bedanken wir uns sehr herzlich bei: Man(n) kocht, Unna, & Restaurant Morgentor, Unna.